한자의 기분

일러두기

- 표제어로 삼은 한자는 한국과 중국의 각종 한자 자전字典을 비롯해 갑골문甲骨文, 허신許愼의 《설문해자說文解字》, 단옥재段玉裁의 《설문해자주說文解字注》 등을 참조하여 대표하는 뜻을 우리말로 번역했다.
- 표제어로 삼은 한자는 제목에서만 우리말 독음을 '[ ]' 안에 밝히고 본문에서는 한자만 썼다.
- 우리말 단어나 글자에 해당하는 한자를 새기고 싶은 경우 '한글漢字' 순으로 병기했다.
- 한자어를 우리말로 번역하거나 문장을 인용한 경우에는 '번역문[漢文]' 순으로 병기했다.
- 인물의 생몰년은 '( )'안에 밝혔다.
- 본문에서 제시한 갑골문이나 금문金文 등의 이미지는 대만臺灣 중앙연구원中央研究院에서 제작한 소학당小學堂 홈페이지에서 참조한 것이다.

최다정 산문

한자의 기분

한문학자가 빚어낸
한 글자 마음사전

차례

프롤로그 한자의 기분 10

1부 살아 있다는 기분
    名[명] 이름   15

    朝[조] 아침   17

    尖[첨] 뾰족하다   18

    嵌[감] 산골짜기   20

    坐[좌] 앉다   22

    梢[초] 나무의 끝   23

    看[간] 보다   25

    學[학] 배우다   27

    生[생] 태어나다   29

    來[래] 오다   33

2부 색깔의 기분
    綠[록] 나뭇잎의 색   37

    黃[황] 땅의 색   38

    霜[상] 서리   40

    虹[홍] 무지개   42

    灰[회] 회색   44

夜[야] 밤	46
素[소] 하양	48
晝[주] 낮	49
墨[묵] 먹	50
軟[연] 연하다	52

3부 얼룩을 닦는 기분

文[문] 무늬	57
蓋[개] 덮다	60
洗[세] 씻다	62
捨[사] 버리다	64
明[명] 밝다	65
痕[흔] 흔적	66
泡[포] 거품	68
眉[미] 눈썹	70
染[염] 물들다	72
點[점] 점	74

4부 떠나는 기분

散[산] 흩어지다	79
行[행] 다니다	81
睡[수] 잠	83
緖[서] 실마리	85
老[로] 늙다	87
髮[발] 머리카락	89
別[별] 나누다	91

向[향] 향하다 … 93
海[해] 바다 … 95
初[초] 시작 … 98

5부 잊고 싶은 기분
雪[설] 눈 … 101
喟[위] 한숨 쉬다 … 102
忘[망] 잊다 … 104
哭[곡] 우는 소리 … 106
痛[통] 아프다 … 108
怨[원] 원망하다 … 110
焱[염] 불꽃 … 112
石[석] 돌 … 114
旬[순] 열흘 … 116
溶[용] 녹다 … 118

6부 집에 온 기분
至[지] 이르다 … 121
物[물] 만물 … 122
適[적] 가다 … 124
困[곤] 곤란하다 … 126
休[휴] 쉬다 … 127
閉[폐] 닫다 … 129
鳴[명] 울다 … 131
果[과] 열매 … 132
窓[창] 창 … 134

家[가] 집 136

7부 계절의 기분

靄[애] 안개 141

雨[우] 비 143

稀[희] 성기다 145

濕[습] 물에 젖다 148

鬱[울] 울창하다 149

暴[폭] 햇볕에 말리다 152

立[입] 멈추어 서다 153

柿[시] 감나무 155

霰[산] 싸라기눈 157

凝[응] 얼어붙다 159

8부 쓰는 기분

煙[연] 연기 163

奏[주] 연주하다 165

論[논] 논하다 167

蕩[탕] 씻어버리다 169

獺[달] 수달 171

淸[청] 맑다 173

多[다] 많다 175

責[책] 꾸짖다 177

字[자] 문자 179

銘[명] 새기다 181

9부 옮기는 기분

層[층] 층 187
運[운] 옮기다 189
人[인] 사람 191
問[문] 묻다 192
愛[애] 사랑 194
晶[정] 밝다 195
古[고] 옛날 197
集[집] 모이다 198
貝[패] 조개 200
毫[호] 가느다란 털 202

10부 읽는 기분

前[전] 앞 207
螢[형] 반딧불 209
回[회] 돌다 211
蝕[식] 좀먹다 213
紙[지] 종이 214
餘[여] 남다 216
習[습] 익히다 218
冊[책] 책 220
印[인] 도장 222
箴[잠] 바늘 224

11부 헤아리는 기분

一[일] 하나 229

二[이] 둘	230
三[삼] 셋	231
四[사] 넷	232
五[오] 다섯	234
六[육] 여섯	236
七[칠] 일곱	237
八[팔] 여덟	239
九[구] 아홉	240
十[십] 열	242

12부 살고 싶다는 기분

改[개] 고치다	247
甘[감] 달다	249
倦[권] 게으르다	251
相[상] 서로	253
消[소] 사라지다	255
美[미] 아름답다	257
笑[소] 웃음	259
里[리] 마을	261
又[우] 또	263
智[지] 지혜	264

에필로그 기분의 뿌리 265

프롤로그

한자의 기분

　기분을 말해줄 정확한 언어를 찾는 것만으로 덜 외로울 수 있다. 한자의 세계 안에 살면서 내 언어는 한자라는 문자가 지닌 결을 닮게 되었다. 한자가 인간의 사고와 감정을 형상화하는 문법을 따라 생각하고 느끼며, 말하고 쓰게 된 것이다. 여러 방향으로 가지를 뻗은 획들이 반듯한 네모 안에 모여든 채 긴 의미를 함축하는 한자. 한자가 짓는 표정의 기분을 읽어나가다 보면 내 마음의 궁색한 어느 구석이 소환되었고, 비로소 그늘진 마음의 목소리를 명쾌하게 들어볼 수 있었다.

　한자의 세계는 방대하고 유서 깊다. 저마다의 한자들은 수천 년 세월을 거듭하는 동안 사람들이 울고 웃으며 생활한 긴 서사를 그 안에 응집하고 있다. 그래서 설명할 수 없는 아득한 기분이 들 때 한자 자전字典을 펼치면 반드시 어떤 글자 하나는 나를 언어화해줄 수 있다. 단 하나의 한자가 장황한 문장. 두꺼운 책보다 나의 기분을 더 적확하게 표현해주기도 한다. 한자문화권에 뿌리내린 우리는 한자를 통해 자신의 오래된 성정과 조우하며 자신이 존재하는 양상을 충분히 이해받는 듯한 느낌을 받을 수 있다.

한자라는 문자로 기록된 옛 문헌을 연구하는 길 위에서, 나의 기분 역시 한자 바깥이 아닌 한자 안에서 맺히고 흩어진다. 이는 내가 공부하는 과거의 세계가 지금의 나와 괴리되어 있지 않고 흡착해 있음을 열렬히 느끼는 과정이기도 하다. 이 책은 모양도, 역사도 각기 다른 여러 한자의 기분에 기대어 풀어지고 매듭지은 기분 기록장이다. 내 기분을 맡길 한자를 골라, 한자의 기분을 빌려 나의 기분을 말해보는 일의 반가움과 기쁨을 나누고 싶었다.

하나의 지식 세계를 깊이 섭렵함으로써 얻는 특별한 깨달음은 삶에서 누릴 수 있는 여러 기쁨 중 하나이지만, 이는 한순간에 자칫 권력으로 탈바꿈될 수도 있다. 나는 그것이 몹시 싫다. 나에게 영영 한자가 권력의 대상이나 수단이 아니길 바란다. 실리와 욕심의 추구와는 아주 먼 곳에서, 처음 한자를 향해 품었던 투박한 날 것의 애정으로 앞으로도 오랫동안 한자와 한문을 공부하고 싶다. 그럴 수만 있다면 세상으로부터 소외감을 느낄 때 내가 돌아갈 곳은 언제나 한자의 세계관일 것이다. 기분이 엉망인 순간에 숨어 들어가 웅크리고 울 수 있는 곳이 이 작은, 하나의 한자 안이었으면 좋겠다.

2025년 12월

최다정

1부
살아 있다는 기분

名 [명] 이름

 인공의 빛이 없었던 과거의 세상. 해가 떨어지고 나면 어둠이 얼굴을 지웠기에, 사람들은 스스로 자신의 이름을 말하여 본인을 증명해야 했다. 저녁[夕]과 입[口]이 만나 이름[名]이라는 글자를 이룬 것은 그래서다. 어둑한 길목에서 마주친 두 사람 중 하나가 "나는 아무개입니다"라고 말하면 또 다른 하나가 "나는 아무개입니다"라고 말하는 장면. 그럼 그제야 비로소 서로의 벗임을 알아채고 반갑게 인사 나누는 밤의 만남을 상상해본다.

 살아 있는 사람이 자신을 호명하기 위해 만든 글자의 조합. 다른 사람이 불러주길 바라는 것이 아니라 이름의 주인이 불러주길 기다리고 있는, 각기 다른 우리의 이름. 사람들에게 매일 불리는 세 글자의 이름을 정작 나의 입에서 나온 음성으로 들을 때 환기되는 새삼스러운 기분은, 오랜만에 거울 속 얼굴을 구석구석 살필 때의 생경함과도 닮았다.

이름으로 인식되는 바깥의 내가 이름 없는 안쪽의 나와 어색하게 만나 인사 나누는 일. 이름은 나의 가장 바깥을 둘러주고 있어서, 깊숙한 곳에 놓인 진짜의 내가 이름을 불러주는 일이 어느 날엔 뜻밖의 위안이 되기도 한다.

朝 [조] 아침

    요새는 오로지 아침에 기대어 나를 지킨다. 일기장은 아침에만 열리고 나는 아침만 기다렸다가 글을 쓴다. 완전히 혼자 깨어 있는 방에서, 창밖으로 하나씩 꿈틀대며 밝아지는 길목의 소리와 풍경을 감각하며 일기 같은 글을 쓰는 아침. 내 방 창밖엔 봄을 지나 여름으로 향하는 사이 점점 잎이 커지고 있는 감나무 한 그루가 있다. '朝'라는 한자의 형상처럼, 초록 풀잎[艹] 사이로 지는 달[月]과 뜨는 해[日]가 함께 놓인 어느 아침 풍경 앞에서 나는 종종 가장 솔직한 사람이 된다. 그런 아침 시간 끝엔 비로소 쓱싹쓱싹 책상 둘레의 먼지를 닦고 씩씩하게 창밖으로 걸어 나갈 수 있다. 기쁘지 못했던 긴 하루의 실마리를 찾아 거슬러 올라가보면 그 자리엔 나쁜 아침이 놓여 있다. 아침의 기분을 단정하게 다듬는 일에 온 마음을 쏟게 된 이유다.

尖 [첨] 뾰족하다

　세상은 첨단尖端의 유행에 예리한 감각의 촉을 곤두세운 채 나아가고 있다. 첨예한 신문물로부터 도태되지 않기 위해 사람들은 새 장비를 사고, 장비가 낡지 않도록 매번 새 버전으로 업데이트한다. 무뎌진 칼을 주기적으로 날카롭게 갈 듯이. 그럼에도 자꾸 쏜살같이 유행이 바뀌는 세계의 한쪽 모퉁이에서, 고문헌 연구가 직업인 나는 매일 나의 땅 아래로 뿌리를 깊이 내리는 작업을 한다.

　세상의 눈에 당장 보이지 않는 뿌리가 땅속에서는 지금도 쉬지 않고 길어지고 있다. 땅 위로 고개를 내민 가느다랗고 뾰족한 줄기 하나. 미약해 보이는 형상 아래로 존재는 무궁한 뿌리를 숨기고 있다는 사실. 나의 뿌리는 더 깊고 먼 과거 선인先人이 키워둔 뿌리의 어느 가닥과 끈끈하게 얽히고설켜 있다는 사실. 그 사실을 혼자 발견해 인지하는 것만으로 인문

학자로서 사는 삶의 이유를 꽉 붙잡는다.

　　오늘 떠오른 유행은 인류가 쌓아온 세월의 작은[小] 단편일 뿐, 과거로부터 미래로 이어지는 복잡하고 커다란[大] 뿌리의 역사가 세월의 웅숭깊은 안쪽에 놓여 있다. 책상 앞 창가에 두고 오래 키운 화분을 분갈이하다가 '尖' 자를 떠올리며 내가 하는 공부와 연구가 꼭 이 글자 같다고 생각했다. 하루가 다르게 자꾸 위로 자라나는 뾰족한 하나의 줄기 아래로는, 벌써 과거가 된 날들이 그보다 먼 과거의 손을 잡으면서 가늠할 수 없는 과거로 뻗어가고 있었다. 생명을 지닌 존재와 세계의 끝은 위가 아닌 아래에 있던 것이다.

嵌 [감] 산골짜기

살면서 한 번도 품어본 적 없는 새로운 기분 앞에서 불쑥, 삶은 오래 살아볼 만하다는 생각이 샘솟는다. '답답해, 우울해, 슬퍼'라든가 '신나, 설레, 기뻐'라든가. 이런 단어들로는 다 아우르지 못하는, 생전 처음 느끼는 복잡한 감정이 뜻밖에 삶이 재미있다는 생각을 불러오는 것이다.

해가 막 떨어지기 시작한 여름 초저녁에 우리는 불현듯 산속으로 걸어 들어갔다. 동네 뒷산 산책로 정도이리라 예상했던 산은 생각보다 더 깊고 캄캄했다. 길의 양쪽에는 나무들이 빼곡했고 종종 쓰러진 채로 마구 헝클어진 나뭇가지 더미들도 보였다. 둘뿐이었던 산골짜기[嵌]는 더 공활한 공간으로 다가왔다. 커다랗고 어두운 동굴 속에 둘만이 빠져 있는 듯했다. 생활하는 시공간과 다른 차원에서 우리 모르게 계속 존재하던 세계를 발견한 기분이었다.

산에서 노닐고 한자로 시를 남겼던 옛 시인들이 움푹 파인 산골짜기의 깊은 동굴을 형용하며 적어둔 '감공嵌空'이라는 말은 아마 이런 풍경 앞에서 나온 시어일 듯하다. '감공'은 의외로 '영롱하다'는 의미로도 한시에서 자주 쓰였다. 살다 보니 갑자기 산속을 모험하게 되는 어느 저녁. 그 저녁의 기분을, 언젠가 공부하다 주워 담아두었던 글자들이 설명해준다. 그런 글자 인연 덕분에 나의 기분 사전엔 아주 긴 표제어의 기분이 수록된다. '어둑해질 무렵 축축한 여름 공기를 뚫고 동굴 속처럼 어두운 산골짜기에 둘만 있는 영롱한 순간의 기분.'

坐 [좌] 앉다

　두 사람[씨]이 나란히 땅[土]에 앉아 있다. 주어진 좁은 자리를 나누어 앉아 함께 땅을 덥히는 시간이 '坐'라는 글자에 담겼다. 애초에 혼자가 아닌 둘이 행위의 주체였던 '坐'의 비밀을 알고 나서는 지금 같은 공간에 '앉아 있는' 우리 사이가 새삼 애틋하고 귀하게 여겨졌다. 동네 놀이터 잔디밭에 작은 돗자리 하나를 깔고 둘이 앉아 온기로 연결되어 도란도란한 시간을 보냈던 가을의 추억을 자주 꺼내어본다. 차가워진 날씨에 따뜻함이 번진 돗자리를 다시 접어 넣으면서, 나랑 같이 앉아 있어준 그 사람을 조금 더 좋아하게 되었다.

梢 [초] 나무의 끝

    7층 높이의 단골 카페 창가 자리에 앉으면 키가 큰 플라타너스 나무의 꼭대기가 보인다. 초여름 나무의 끝에서는 연둣빛 새 줄기와 연하게 반짝이는 이파리가 솟고 있다. 나무의 끝과 눈 마주칠 때면 어김없이 '梢' 자를 떠올린다. 한자를 최초로 만들어 사용했던 고대인들은 나무의 끝을 형용하는 한자를 따로 마련해두었다는 사실이 놀랍고도 멋지다. 한자의 세계관은 우리를 둘러싼 자연을 더욱 세심하게 관찰하고 느끼며 표현하는 사람이 되도록 안내한다. 사람보다 키가 훨씬 큰 나무들의 꼭대기를 상상하도록 만드는 '梢'의 감각처럼 말이다.

    한자로 시를 적었던 시인들도 '梢'라는 한자를 좋아했다. 시인 두보杜甫(712~770년)는 그의 시에 '높은 곳으로 날아간 것이 길게 뻗어 올라간 나무의 끝에 걸려 있다[高者掛罥長林梢]'고 적었다. 청나라 만주인 윤잉胤礽(1674~1725년)의 시에는 '등불이 숲의 나무 끝 너머까지 치솟아 푸른 은하수를 밝힌다[高拂林梢明碧漢]'는 구절이 쓰여 있다. 창밖 '梢'를 바라보며 나풀거리는 여름 새잎들을 오래도록 응시하고 있으니, 두보와 윤잉의 시가 성큼 가깝게 다가와 안긴다. 손 닿을 수 없이 아득하게 높은 위쪽을 형상화하기 위해 울창한 나무의 맨 꼭대기를 불러와 말하는 옛날 사람으로부터, 자연과 교감하고 감흥하는 방법을 배운다.

휘청이는 기분으로 카페에 왔다가 내력이 깊은 글자 풍경 앞에서 잠자코 아름다움만을 생각했다.

看 [간] 보다

    자주 무모한 선택을 하며 어떤 사실을 쉽게 간과看過하곤 했다. 선택지를 고르는 순간에 유달리 용감해져 이면의 어둠을 대충 보고 넘겨버리는 것이다. 그렇게 무리한 선택을 한 덕에 성장했던 경험치들이 쌓였다. 그래서 무언가를 골라야 하는 중대한 갈림길 앞에 서면, 이제 습관처럼 과정에 놓인 험난함과 고단함의 조각들을 일부러 보지 않으려 한다. 대신 지향하는 세계에 도달한 나를 일찍이 그려본다. 거친 산길을 올라야 할 때 땅을 보며 걷지 않고 눈[目] 위에 손[手]을 올리고 멀리 드넓게 펼쳐진 풍경을 자꾸 보려고 애쓰듯이. 먼 곳에 시선을 던져둔 채 우선 나날의 부산스러움을 견디며 목표 달성만을 위해 노력하는 생활. 최근에도 이런 방식으로 인생의 커다란 결정을 하나 했고, 끝내 실행으로 옮겼다. 나는 당분간 한국을 떠나 있기로 했다.

마음먹은 무언가를 해내고야 마는 나, 기어코 떠나고야 마는 나. 이런 나를 사랑해주는 사람들에게 미안하다. 마음먹은 것을 이루기 위해 간과하는 건 대체로 이런 '사랑'이다. 매번 나 잘 살자고 하는 선택들이 나를 아껴주는 사람들에겐 감내해야 하는 별안간의 이별로 다가갈 테니까. 그들을 몹시 사랑하지만 그들과 매일 부대끼며 사는 건 어려워서, 떠나야만 하는 내가 버거워 한동안 괴로워했다. 그러나 지향하여 그려둔 미래의 세계엔 나 혼자만 있지 않다는 걸 그들이 알아주었으면 좋겠다. 평안해진 사람이 되어 사랑하는 이들에게 정확하게 사랑을 표현할 수 있는, 더 나다운 내가 되는 쪽으로 나는 떠나는 것이다. 모질게 질끈 눈 감고 사랑을 간과한 채 홀로 떠나는 건 이런 이유에서라고 생각하며 떠남의 죄책감을 다독인다.

學 [학] 배우다

배우고자 하는 열망이 들고 궁금한 것이 자꾸 생기는데 어디로 가서 어떤 걸 공부해야 할지 단서를 찾지 못하면 여러 문헌을 넘나들며 끙끙 앓는다. 학문學問하며 내가 던진 질문에 대한 답은 나 스스로 찾을 수밖에 없다. 학문을 직업 삼고 나서 고독하다는 생각이 가장 짙어지는 때는 내가 힘껏 헤쳐 나가려 애쓰는 이 공부와 질문이 현실 세계로부터 동떨어져 무엇과도 연결되어 있지 않은 듯한 기분이 드는 순간이다.

하지만 나와 같은 마음으로 비슷한 질문을 던졌던 사람이 지금 여기엔 없더라도 먼 과거, 혹은 동시대의 다른 먼 나라에는 존재함을 깨닫는 순간의 반가움을 이루 다 말하기 어렵다. 학문의 세계에 살면서 '살아 있음'을 명징하게 체감하는 건 무언가와의 연결성을 느끼는 때이다. 그 무언가란 결국엔 학문하는, 학문했던, 다른 학자이고 그 학자가 남긴 글이다. 그런 글을 발견하면 그 글이 물리적으로 혹은 시간적으로 아무리 멀리 떨어진 곳에 있더라도, 그곳으로 한달음에 마음이 달려간다.

나는 한동안 독일에서 활동했던 중국학자 한스 코논 폰 데어 가벨렌츠(1807~1874년), 파울 게오르크 폰 묄렌도르프(1847~1901년), 에리히 하우어(1878~1936년), 에리히 해니쉬(1880~1966년) 등의 이름들이 남긴 궤적을 좇으며 공부의 기분을 흥기할 수 있었다. 나와는 시대도 공간도 겹치지 않으나 내가 가진 것과 모양이 닮은 질문을 세워 두고 생을 바쳐 골똘히 연구했던 선배 학자들. 그들이 적어둔 학문의 흔적을 따라 읽으면서 감흥한 나 같은 이는 또 평생 공부하는 사람으로 살고 싶어지는 것이다. 배움은 이렇게 소리 없이 아주 긴 명맥을 이어간다.

生 [생] 태어나다

 봄에 접어든 어느 밤 귀갓길, 집 앞 골목 가로등 아래에서 시멘트 틈을 비집고 올라오는 여린 풀 한 포기가 눈에 띄었다. 갓 돋아난 초록은 가로등 불빛 속에 유독 환해 보였다. 하필 불편하게 시멘트 틈 사이에 싹을 틔워 잎을 키우면서도 굳건히 살아나가는 풀을 관찰한 건 뜻밖의 위로였다. 고단한 일과 끝에 집으로 향하던 무거운 마음은, 나보다 더 험난했을 여린 생명의 하루 앞에서 기운을 내보았다.

 이후로 그 앞을 지날 때마다 풀의 안부를 묻게 됐다. 어떤 날엔 풀 곁에 쓰레기가 던져져 있기도 했고, 또 다른 날엔 주차된 자동차 바퀴가 아슬아슬하게 풀을 비껴가 있기도 했다. 비바람이 몰아친 다음 날에는 불안한 마음으로 풀의 무사함을 살피러 갔다. 봄의 한 달 남짓 동안 틈틈이 사진으로 남겨둔 풀의 시간을 모아서 보니, 열악한 환경 속에서도 쉼 없이 꿋꿋하게 자라난 풀이 대견하고 고마웠다.

뿌리 내린 곳에서 끈질기게 살아나가는 풀이 응원으로 다가왔던 것은, 그를 통해 한 생명체에게 주어진 생生의 의미를 반추해보았기 때문이다. 한자의 원형인 갑골문甲骨文에서 '生' 자는 땅 위에 돋아나는 새싹의 형상으로 그려져 있었다. 싹이 돋는다는 뜻에서 '태어남'을 나타내고, '살아가다'라는 의미로 확장하게 됐다. 세상에 태어나 숨 쉬며 생동하는 이러한 '生'. 그 본연의 숭고함과 감사함을 우리는 쉽게 잊고 살아간다. 생계生計를 유지해나가며 생활生活을 일구고 생존生存하는 일은, 있는 그대로도 무척 귀한 가치를 지닌다. 주어진 자리에서 초연히 자라나는 풀을 응시하면서 새삼 그런 '生'의 의미를 떠올렸다.

묵묵히 살아내는 하루가 모이면 삶이 된다. 그래서 '生'은 태어나 살아간다는 뜻에서 나아가 삶 전체를 나타내는 글자로도 쓰인다. '生'이라는 한 글자가, 태어났던 과거의 기억을 품고 현재를 살아가는 일과 더불어 살아갈 미래의 삶까지도 아우르는 것이다. 한 존재의 생애가 펼쳐지는 시간은 과거·현재·미래가 유기적으로 연관을 맺은 채로 진행된다. 삶이 지닌 통시적 의미를 염두에 둘 때, 지금의 순간은 인생의 파노라마를 구성하는 하나의 장면이라는 감각이 살아난다.

나의 선택과 무관하게 벌어진 출생出生 이후 시작 무렵의 경험들은, 여생餘生에 지속적으로 영향력을 행사한다. 어린 시절에 상처 혹은 행복으로 각인된 특정 기억이 필생畢生토록 결정권을 휘두르기도 하는 것이다. 현존하는 과거에 무참히 지배당하지 않고, 기억을 다스리는 일은 오늘을 잘 살아가는 데 관건이 되는 중요한 문제이다.

펼쳐졌던 과거만큼 펼쳐질 미래 역시 현재에 상당량의 지분이 있다. 다가올 날들을 계획하는 일은 지금을 성실하게 살아가는 동력이 되기 때문이다. 아직 살아보지 않은 내일이 오늘보다 더 좋을 것이라는 기대는 생활을 지탱하는 확실한 희망이다. 그러나 《장자》에서 "삶에 집착하는 자는 도리어 잘 살 수 없다[生生者不生]"라고 했듯이, 삶에 지나친 기대를 내거는 순간 오늘의 시간을 홀가분하게 누릴 수가 없다.

우리는 과거를 끌어안고 미래를 가늠하며 현재를 살아가는 존재이다. 살아온 날들을 거울삼아 살아갈 날들도 염두에 두되 매일의 생활도 기쁘게 잘 살아내는 것은 쉬운 일이 아니다. 과거와 미래를 동시에 짊어지고 살아가는 지금이 종종 어렵고 무거운 것은 어쩌면 당연하다.

그러나 하나의 '生'은 살아 숨 쉬는 다른 '生'들과 함께이기에, 그들과 연대하며 생의 감사한 의미를 서로 북돋아줄 수 있다. 골목길 시멘트 틈을 비집고 나와 살아가는 풀의 마음과 포개어보며 기운을 냈던 것처럼 말이다. 다른 생명체들과 연결되어 주고받는 선한 응원의 마음은 세상에 흔적을 남기고, 이는 미래의 '生'들에게 어떤 형태로든 또 긍정적 영향으로 닿을 것이다. 생 안팎에서 벌어지는 여러 차원의 연결성이 바로 '生'이라는 오래된 한자가 우리에게 건네는 화두이다.

來 [래] 오다

'來' 자는 갑골문에서 보리의 형상으로 그려져 있다. 고대인들은 상서로운 곡식인 보리를 하늘에서 내려주는 것이라 믿었다. 하늘로부터 온다는 의미가 번져 '來' 자는 '오다'를 말하는 글자가 되었다. 나의 연구 분야는 아직 오지 않은 미래未來보다 벌써 왔다 간 과거過去에 주안점을 두어왔다. 과거의 글과 문헌을 해독하고 연구하는 일들은 급변하는 디지털 생태계에 어떻게 대응해야 하나.

'디지털 인문학'이라는 말이 생겨난 지 오래다. 디지털 인문학에선 발전하는 기술을 고문헌 연구에 적절히 접목할 방안에 대해 고민한다. 이를테면 고문헌에 담긴 내용을 전사해 컴퓨터로 옮겨 대량의 텍스트를 파악하는 것처럼, 기술을 적절히 이용할 수 있다. 문헌에 담긴 내용을 연구자가 일일이 한 글자씩 입력하고 분석하는 방법에 비해 연구 과정이 다소 간편하지만, 아직 연구자의 손을 거치지 않으면 완벽한 결과물이 나오기 어려운 실정이다.

연구자는 지향하는 연구 목표에 도달하고자 적재적소의 상황에서 디지털 기술을 활용해 효율적인 연구를 진행할 수 있다. 그 과정에서 무엇이 디지털의 눈속임인지 알아채 현혹되지 않고 감별해내려면 연구자의 기본적 탐구 능력과 연구 윤리가 꼿꼿이 정립되어 있어야만 한다. 기술이 더 진보할 미래에 고문헌학은 어떻게 변모해 있을까. 먼 과거에서 전해져 내려와 지금 여기에 존재하는, 다가올 미래에도 존재할 고문헌들. 현재와 미래 사회의 흐름에 의해 밀접한 영향을 받는 것 역시도 오랜 세월을 살게 된 이 책들의 운명, 책의 연대기일 것이다.

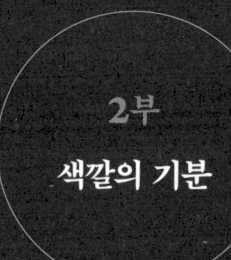

2부

색깔의 기분

綠[록] 나뭇잎의 색

 같은 나뭇가지에서 자라난 잎들이 각자 다른 모양과 색으로 반짝이며 바람에 흔들리고 있다. 남색과 황색을 섞어 이루어진 나뭇잎의 안색. 한자 자전에서는 녹색綠色을 이렇게 정의한다. 완전히 다른 두 색이 혼합되고 번지다가 마침내 도착한 녹색. 나뭇잎의 표정이 계절마다 다른 색으로 물드는 건 그 안에 여러 겹의 색을 품고 있어서일까. 초록을 품은 채 주황으로 지내는, 주황을 숨긴 채 노랑으로 웃는, 나뭇잎들의 안부를 묻고 싶다. 초록 표정을 품은 채 주황 표정으로 생활을 견디는 건 나에겐 상처였다. 주황 표정을 숨긴 채 노랑으로 웃고 나면 나는 슬퍼졌다.

黃 [황] 땅의 색

 사막의 모래는 곱고 부드러워 바람이 부는 방향으로 물결 무늬를 만들며 일렁였다. 저 멀리 아득히 먼 곳까지 온통 황색黃色뿐인 시야. 한자 자전에서 '黃'은 '땅의 색[地之色]'이라고 정의해두었는데, 시야가 닿지 않는 곳까지 끝없이 황색이 펼쳐진 사막에서 땅의 색을 실감했다. 발밑의 땅을 내려다보며 자꾸 손으로 모래를 한 움큼씩 쥐어보면서 걸었다. 이를 수 없는 먼 곳을 조망하는 것보다 만질 수 있는 땅의 시간을 한 알갱이씩 자세히 감각하는 게 더 좋았다. 사막에 다녀온 여름으로부터 꼬박 1년이 지난 오늘, 300여 년 전에 그곳 땅을 걸으며 한자로 적어둔 청나라 사람의 시를 한 글자씩 옮겨 번역했다. 시에는 "사막의 남쪽, 석양빛에 물들어가는 비탈길 바람 불자 겹겹의 모래는 물결 무늬를 만들고[漠南斜路落紅暉, 風疊沙紋學水紋]"라는 구절이 적혀 있다. 번역하면서 시의 배경이 바로 내가 갔던 그 여름 사막임을 와락 알아챘다. 이런 뜻밖의 운명적 순간엔 공부를 직업 삼길 정말 잘했다고 무릎을 치게 된다. 과거를 연구하지 않았으면 모르고 살았을, 끈질기게 기나긴 삶의 연대를 느낀다.

霜 [상] 서리

　이제 막 동이 트기 시작하는 새벽, 시골길을 걷는 사람은 나밖에 없다. 길의 양쪽에 펼쳐진 드넓은 밭에는 안개가 자욱하다. 끝자락의 겨울로부터 빠져나와 이제 막 봄으로 도착하려는 날씨. 밭의 거친 흙을 뚫고 갓 돋은 초록 잡초 위로 서리가 내려앉아 있다. 다 지나갔다고 믿었던 겨울이 객기처럼 내려보낸 마지막 흰 서리를 맞은 봄의 첫 풀. 이런 모순 같은 현실을 마주할 때 묘한 해방감을 느낀다. 내가 충분히 안다고 여겼던 과거와 완전히 몰랐던 현재를 넘나드는 데에서 비롯한 자유로움. 관념을 깨뜨리고 질서가 어그러진 채로도 공존할 수 있는 자연의 모습이, 꼭 내가 그동안 몰랐던 삶의 진실인 듯 보였다. 서리 내린 하얀 초봄 풍경이 일깨운 오늘 새벽의 단상이다.

　서리를 뜻하는 '霜' 자는 그동안 한자문화권 문인들의 글에서 '세월'을 말하는 글자로 흔히 쓰이곤 했다. 서리가 내리며 시작되는 겨울, 서리가 그치고 잎이 돋는 봄으로의 순환이 곧 인간에게 주어진 시간의 흐름이라고 해석한 것이다. '머리카락에 서리가 내려앉았다'는 관용구가 생긴 것도 '霜'이라는 한자가 세월을 의미하며 쓰여온 역사와 무관치 않다. 그런 서리가 봄으로 향하기 아쉬워 일탈을 감행하듯 내려앉은 고요한 새벽 시골길에서 별안간 본연에 가까운 삶의 모습을 만난 것 같은 기분이었다. 봄에 내려도 되는 서리와 서리를 맞고도 초록을 잃지 않는 풀의 모습은, 세월에 속수무책으로 휩쓸려가지만 않고 나만의 질서대로 자유롭게 존재하고 싶은 열망을 소환해 냈다.

　　서리 앉은 풀처럼 머리카락이 새하얗게 되었을 어느 미래에도 나는 자주 삶이 바깥으로 이탈하는 기분을 느끼며 살고 있었으면 좋겠다. 그 기분을 말미암고서 또 새로운 삶과 뜻밖의 나를 발견할지도 모른다.

虹 [홍] 무지개

여행지에서 발걸음이 떨어지지 않아 가장 늦은 비행기로 미루고 좋았던 술집에 또 왔다. 여기에 또 와야겠다고 생각하자마자 하늘에서 무지개 꼬리를 발견했는데, 오는 길에 점점 선명해지다가, 사라졌다가, 도착하자마자 다시 환하게 떠올랐다. 살면서 본 무지개 중 가장 완전히 둥글고 뚜렷한 모양이었다. 무지개 '홍虹' 자에 벌레를 뜻하는 '충虫' 자가 들어가 있는 건, 이 글자를 만든 옛날 사람들은 둥글게 구부러진 무지개가 꼭 몸을 웅크린 벌레를 닮았다고 생각했기 때문이다. 아마 그들도 오늘의 하늘에 뜬 것처럼 선명히 일곱 가지 색깔을 뽐내는 반원 형태의 무지개를 보고 이 글자를 만들었을 테다. 무지개의 아름다움을 혼자 보기 아까워 용기 내 옆 테이블 손님들에게도 "무지개가 떴어요!" 하고 큰 소리로 알려주었다. 무지개가 뜬 잠깐 동안 우리는 다 같이 창밖을 내다보며 비슷한 표정을 지었다. 집으로 돌아간 뒤에도 이 무지개의 기분을 한동안 기쁨으로 되새김질하게 될 것 같다.

灰 [회] 회색

　활활 타오르던 불이 꺼지고 난 뒤 회색빛으로 남은 재를 본 고대인들은 그것이 곧 손으로 만질 수 있는 불이라고 생각했다. 회색을 뜻하는 '灰' 자 안에 불을 뜻하는 '火' 자와 손의 상징인 '𠂇' 자가 함께 쓰인 이유이다. '손으로 만질 수 있는 불은?'과 같은 난센스 퀴즈를 받아 들고 골똘히 고민한 끝에 결국은 해답을 찾게 되는 것처럼, 살다 보면 불가능해 보였던 일을 해내고야 마는 순간이 찾아오기도 한다. 그렇다는 걸 한 번 깨달은 뒤로는 매번 위험을 감수하고서라도 가보지 않은 곳으로 일단 떠난다. 그래서 삶은 때때로 아슬아슬하게 굴러왔고 여전히 이다음에는 어디로 가게 될지 모르겠다. 도달한 지점에서 느끼는 성취감이나 안도감보다, 아슬아슬한 과정의 시간 동안 느끼는 불확실한 희망에 훨씬 많이 기대어 사는 것도 같다.

어려워 보이지만 궁금한 일 앞에서 기어이 또 도전하는 쪽을 선택했고, 도전하기 전으로 돌아가기엔 너무 멀리 와버렸다. 머지않아 다 타고 나서 재가 된 시간을 기어코 손으로 만지는 날도 오겠지. 그때가 오면, 얼마나 오래 얼마만큼 뜨거워야 하는지도 모른 채 불씨를 붙인 건 당시의 나로선 최선이었다고 회고하게 될 것이다. 전력을 다해 다 불사르고 나서 재로 남은 시간을 만지며 곰곰이 되새김질하다가 다시금 다음 도전을 결심하게 될지도 모르고. 시도와 굴곡을 거듭하며 조금씩 내가 가장 편안한 곳을 찾아가고 있다고 믿는다.

夜 [야] 밤

팔을 벌리고 선 사람의 겨드랑이 아래 옆구리 뒤로 달이 떠 있다. 이것은 밤 '夜' 자가 품은 장면이다. 먼 옛날 사람들은 왜 캄캄한 밤의 어둠을 이런 형상으로 표현했을까. '夜' 자는 양 겨드랑이 아래 점을 찍어둔 모습인 '역亦' 자와 캄캄함을 나타내는 '석夕' 자가 합해진 글자다. 이때 '夕'은 반달을 본뜬 것이다. 달빛을 품고 선 사람은 그 밤에 혼자가 아니었을 것만 같다. 지금 우리의 생각보다 훨씬 밝았을 달빛이 누구의 깊은 잠에 훼방 놓지 못하도록 온몸으로 빛을 가로막은 채 멈춰 서 있는 사람을 상상한다. 나란히 걷는 밤 산책길에 별이 잘 보이지 않는다는 나의 투정을 들은 사람이 손을 힘껏 뻗어 가로등 불빛을 가려준다면, 그이는 나를 몹시 아끼는 것일 테다. 어둠 속에서 넘어지지 않도록 불을 밝혀주는 마음과, 어둠을 비집고 들어오려는 한 톨의 빛이라도 막아주는 마음. 두 마음은 같은 모양의 사랑이리라. 사랑은 분홍이나 빨강에서 비롯되는 것이 아니라, 아무것도 보이지 않는 흑黑과 세상 만물을 비추는 백白으로부터 번진다.

素 [소] 하양

누에고치에서 갓 뽑은 실의, 물들이지 않은 하양. 꾸미지 않은 채로 곱게 빛나는 존재 본연의 질박한 성질. 민낯의 알맹이가 가장 환하게 하얗기에, 세상을 한참 헤맨 끝엔 나만 아는 혼자의 나를 만나러 돌아간다. 덧붙인 것 없이 하얗게 진실한 나와 마주하고 나면, 어떤 색이나 모양을 향해서든 다시 새롭게 살아볼 수 있을 테니까. 특별히 나쁜 일도 유달리 좋은 일도 없는 평소平素의 날 아침에 눈을 떴을 때 깨끗한 오늘 하루가 시작되었다는 사실만으로 조그맣게 설레어 웃고 싶다.

晝 [주] 낮

해가 지고 또 떠서, 밤과 경계를 이루는 시간. 밤 어둠의 반대편에 등 돌리고 있는 낮 빛. 밤의 색은 검정으로 수렴되지만, 낮의 색은 셀 수 없는 색들로 발산한다. 발산하며 펼쳐진 시간 안에서 사람들은 서로의 얼굴을 바라보고, 벤치에 앉아 햇볕을 쬐며, 길을 걷다 하늘의 색을 올려다보기도 한다. 세상도 사람들도 넓어지는 낮. 그런 낮에 더 씩씩해지는 사람들이 있는 반면에 나는 아침도 밤도 아닌 낮이 어렵다. 하늘도 땅도 흰해서, 낱낱의 사물들이 자신의 빛깔을 다 드러내버리는 낮이 자주 버겁다고 느낀다. 겨울과 여름 아닌 가을과 봄이 어렵고 버거운 것과 같은 이치다. 낮에 위안 삼는 건, 기다리면 곧 밤의 고요가 온다는 생각, 그리고 밤 너머엔 또 아침이 있다는 생각. 기다리는 것이 분명한 사람은 마냥 슬퍼만 하거나 울적한 기분에 빠져 있지 않을 수 있다.

墨 [묵] 먹

　　색을 다 덜어내고 나면 짙거나 묽은 검정만이 남는다. 색채 없이 물을 머금은 검정 먹[墨]의 농담濃淡으로 표현한 형체들이 한 폭의 수묵화水墨畵를 완성한다. 깊은 정취를 자아내는 수묵화의 검정은 어둡지만 그렇다고 탁하지는 않다. 그런 이상적인 검정을 구현하기 위해 옛 선비들은 훌륭한 품질의 먹이 필요했다. 일찍이 중국에서는 송나라 시대에 좋은 먹을 만드는 방법을 궁구해 기록한 《묵경墨經》이라는 책이 제작되기도 했다. 과거 우리 선비들은 대표적으로 소나무로 만든 송묵松墨을 갈아서 그림을 그리고 글씨를 쓰곤 했다. 조선의 학자들이 남겨둔 기록을 보면, 소나무를 태운 그을음을 모아 푹 쪄서 건조하는 방식으로 송묵을 만들었다고 되어 있다. 아무리 화려하고 생생한 그림 작품도, 이렇게 몹시 지난한 과정을 거쳐 반듯이 만들어진 먹을 벼루에 천천히 가는 행위에서 비롯되었다. 선비들은 오로지 먹의 검정만으로 모든 걸 말하기 위해 단련했다. 그들이 남긴 묵죽墨竹과 묵매墨梅는 실제의 대나무와 매화가 말하지 못하는 걸 말해준다. 검정이 암시하는 형체의 빛깔은 감상자로 하여금 본질에 더 가깝게 다가가도록 만들기도 하는 것이다.

軟 [연] 연하다

　색이 옅은 것도, 물체가 무른 것도 모두 '연軟하다'고 말한다. 옅음과 무름은 서로 잘 어울리는 것 같기도 하다. 옅게 번진 부드러운 꽃나무 아래에서 사람들의 웃음이 날아다니는 연한 저녁 풍경을 바라보다가 오래 살고 싶어졌다. '선명하지 않고 연한 상태, 단단하지 않고 연한 상태로도, 삶은 계속 괜찮게 이어질 수 있겠구나.' 그런 생각을 하면서. 명백한 게 없는 시절이라 할지라도 선명해지고 단단해지길 기다리지만 말고 연한 기쁨을 누리는 날들을 잘 보낼 수도 있을 텐데. 연해진 존재들이 기쁨을 포기하지 않도록 지켜주는 세상이 좋은 세상일 것이다. 연해지고 나면 날카롭고 분명한 것들에 의해 다치기 십상인 세상에서, 우리는 자꾸 나쁜 마음을 먹고 못된 말을 내뱉는다. 연한 말들, '연어軟語'만으로 채워진 세상일 순 없을까. '연어'는 도란도란 나누는 부드럽고 완순한 말을 이르는 단어로 옛 시에 자주 등장하는 시어이다. 이슥한 밤하늘에 뜬 환한 달을 사람들과 함께 올려다보다가 저마다 달이 어떻게 아름다운지 나직하게 언어를 내뱉는, 한시漢詩 속 한 장면 같은 세상이 어딘가에 있었으면 좋겠다. 존재하지 않는다면 연한 사람들끼리 모여 그런 작은 마을을 만들어봐도 좋겠다. 그 마을은 '연약軟弱하다'라는 말의 의미가 조금 다르게 통용되는 곳일 것이다.

3부
얼룩을 닦는 기분

文 [문] 무늬

우산 없이 외출했다가 비를 만나 속수무책으로 옷과 가방이 흠뻑 젖었다. 집으로 돌아와 가방 안을 살펴보니 가방에 넣고 다니던 좋아하는 책의 모서리가 빗물에 상해 있다. 물얼룩이 생기고 잉크가 번진 그 모양을 바라보다가, '얼룩 무늬네!'라는 생각이 스쳤다. 얼룩은 단번에 아름다운 무늬로 옷을 갈아입힐 수 있다. 어느 시절엔 내 심신의 본성을 몹시 강하게 감지하면서 그것을 지울 수 없는 얼룩이라 느꼈다. 무늬의 속성이 아름다움이라면, 얼룩은 잘못 생겨서 지우고 싶은 것이다. 글쓰기는 이런 나를 견디는 내성을 길러주었다. 정돈되지 않은 채로 얼룩져 있던 일이나 감정을 단정하게 문장으로 옮겨 적고 나면 널뛰던 감정은 한결 안정됐다. 글 안에서 때때로는 얼룩진 내가 이대로도 꽤 괜찮게 느껴지기까지 한다. 글로써서 세상에 내보임으로써 얼룩으로 여겼던 단점을 문신처럼 뽐내게 되는 것이다.

문신은 한자로 '文身'이라고 쓴다. '文' 자가 원래 무늬를 뜻하기 때문이다. '文'은 양팔을 벌리고 서 있는 사람의 가슴에 문신이 새겨 있는 모습을 본떠 만들어진 글자이다. 몸에 무늬를 새긴다는 최초의 의미는 '글을 새기다'라는 뜻으로 확대되었다. 여기에서 비롯되어 '文'은 문장文章과 글을 나타내게 됐고, 넓게는 문학文學이나 문화文化처럼 더 큰 범주를 이르기도 한다. '文'이라는 글자 안에 무늬·문신·문장·문학의 개념이 다 담겨 있는 것이다. 그러니 절묘하게도, 내 안의 어떤 얼룩진 마음을 글이라는 수단으로써 아름다운 무늬로 재탄생시키는 글쓰기 과정 역시 '文' 한 글자가 모두 끌어안고 있다.

책장에 꽂힌 가지각색의 책들과, 그 책을 쓴 작가 한 명 한 명은 모두 나름의 얼룩을 말의 무늬인 문장으로 새겨 책을 지었다고 할 수 있다. 서로 모양은 달라도 저마다 얼룩진 삶을 애써 꾸려가고 있음을, 우리는 문학 읽기를 통해 알게 된다. 개인의 얼룩이었던 문학은 홀로 웅크린 타인의 삶에 위안을 건네며 반경을 넓힌다. 작가가 겪어낸 슬픔과 고민의 흔적이 아름다운 무늬의 문장으로 기록됨으로써, 비슷한 결의 고통을 겪고 있는 누군가에게 닿아 응원이 될 수 있는 것이다. 개인의 무늬는 문장에서 문학으로, 나아가 문화의 형성으로까지 번질 가능성을 품고 있다.

蓋 [개] 덮다

 덜 소중한 걸로 더 소중한 걸 덮는다. 가판대에 정렬된 구두들을 덮어둔 스카프는 몹시 곱고 부드러워 보였다. 구두를 파는 이에게는 그의 스카프보다 구두가 소중했으리라. 그러니 햇볕에 구두의 색이 바래 얼룩지지 않도록 선뜻 목에 두르고 나온 스카프를 풀어서 구두를 덮어주었겠지. 모든 걸 다 손에 쥐고 살 수는 없는 노릇이기에 매번 선택의 순간에 놓인다. 나에게 무엇이 더 중요한 일인지 고민을 거듭해서라도 골라야만 한다. 고르지 못하고 머뭇거리며 맴도는 날들을 살고 있다. 그런데 구두를 덮은 스카프를 보며 문득, 나도 둘 중에 무엇으로 무얼 덮어 지키고 싶은지를 가늠해보면 되겠다는 생각이 들었다. 한쪽에게 정말 미안하더라도 나에게 가장 귀한 걸 지켜야만 나는 가장 나답게 살 수 있기 때문이다. 내가 너무 이기적인 걸까. 미안한 마음이 드는 쪽을 향해서는 무슨 말을 하며 어떤 행동을 하는 것이 최선의 예의일까? 그걸 몰라서 자주 끙끙 앓는다.

洗 [세] 씻다

감정이 쉽게 동굴을 파고 들어가 숨어버리곤 하는 나의 기질이 발동되고 나면, 그 흔적은 씻지 않은 생활로 금세 드러나버린다. 나의 존재가 버거웠던 낮과 밤을 지난 뒤의 아침, 설거지통엔 그릇들이 가득 차 있고 침대 곁엔 과자 봉지나 먼지 부스러기가 나뒹굴기 일쑤다. 요사이 그런 아침이 늘었다. 생활을 씻기는 게 버거워졌다는 건 맑지 못한 기분으로 보내는 날들이 많아졌다는 증명이다. 그러다 기운을 차린 어느 날 한꺼번에 집 곳곳을 쓸고 닦고 정돈한다. 생활을 씻는 그 시간은 곧 헝클어졌던 마음을 씻는 시간이기도 하다. 그래서 개운하게 씻은 뒤엔 무엇이라도 할 수 있을 듯 금세 씩씩해지곤 한다. 옛 성인은 《주역》을 통해 날들을 점쳐 보고 자신의 마음을 씻어서[洗心] 아무도 모르는 은밀한 자리에 감춰 두었다고 했다. 그래서 《주역》을 《세심경洗心經》이라 불렀다. 나에게 그런

'세심'의 의식은 곧 내가 한껏 어지럽힌 집을 청소하는 일인 것 같다. 청소하면서 닦아내 말갛게 된 마음은 나도 모르는 구석 자리에 꽁꽁 잘 숨겨두어야 한다. 그래야 또 생활이 너저분해지고 나면 뽀얗게 씻겨 한동안 나를 잘 운영할 원동력으로 삼을 수 있다.

捨 [사] 버리다

    물건을 잘 버리는 사람과 잘 버리지 못하는 사람이 있다. 잘 버리는 사람은 기억력이 지나치게 좋은 사람일 것이다. 물건에 얽힌 촘촘한 생각을 자꾸 반추해내는 것이 버거워 기어코 그것을 버리기로 결정하는 것. 반면 잘 버리지 못하는 사람은 자신의 기억력을 믿지 못하는 사람일 확률이 높다. 물건을 버리고 나면 물건과 함께 존재했던 지난 시간마저 흩어져 추억이 흐려지고 말거라 믿는 것. 한동안 자신이 손으로 만졌던 물건, 손때가 묻은 물건을 다루는 정반대의 방식. 나는 잘 버린다. 끌어안고 살아가는 모든 것들이 너무 무겁다는 생각이 들면 일단 손에 잡히는 물리적인 물건들을 정리하게 된다. 버린다는 뜻의 '捨' 자에도 '손 수 扌' 자가 들어가 있다. 애초에 옛 사람들도 쥐고 있던 물건을 놓아주는 손의 작용이 곧 '버림'이라고 정의했던 것이다.

明 [명] 밝다

　몹시 밝은 빛을 비출 땐 형체도, 티끌도, 눈에서 사라져 보이지 않는다. 해[日]와 달[月]이 함께 뜬 '明'과 같은 글자가 조명하고 싶었던 건 자세히 보려는 대상이 아니라 이 세상에서 지우고 싶거나 흐리게 보고 싶은 무언가를 비추기 위함이었을 수도 있다. 태양이 비추는 쪽으로 시선을 향할 때 빛이 시야를 가득 채워 복잡한 풍경은 한순간 백지가 되듯, 보름달이 뜬 하늘을 고요히 오래 응시하다 보면 달 바깥은 전부 검정으로 파묻히듯. 명백明白하게 사랑하거나 혹은 미움이 깊이 엉킨 피사체는 낱낱이 들추어 보여주지 않아도 괜찮다. 혹은 그러는 편이 오히려 나를 지키는 일이 되기도 한다.

痕 [흔] 흔적

조금이라도 다치는 것이 무서워 몸을 사리게 된 이유는 당장의 상처가 아파서라기보다, 흉터가 되어 영영 잊히지 않을지 모른다는 두려움에서 기인한 것이다. 나의 살성은 상처가 나면 아물어 딱지가 떨어진 뒤 흔적痕迹이 옅어지는 게 아니라, 점점 부풀어올라 단단해져 영영 흉터로 남는 심한 켈로이드성 피부다. 살아오면서 몸 곳곳에 크고 작은 흉터가 남게 됐다. 운이 나쁘면 아주 작은 상처도 깊은 뿌리를 내려 부푸는 켈로이드 흉터가 되어버린다. 10년이 훌쩍 넘도록 몸에서 사라지지 않고 붙어 있는 흉터들이 너무 커지지 않게 주기적으로 적절한 치료를 받아야만 한다. 켈로이드성 흉터는 잠잠히 있다가도 갑자기 아파지거나 곪아 터지니, 잊힌 줄 알았는데 불쑥 고개 내밀어 괴롭히는 마음의 상처와 비슷한 속성을 지녔다.

정신적인 상처를 쉽게 잊어버리지 못하는 성격도 억울한데, 몸에 난 상처까지 영원히 기억하며 살아야 한다는 사실을 무척 슬퍼하던 때도 있었다. 이제는 오래된 이 흉터들을 예전처럼 미워하지 않고 같이 꽤 잘 지낸다. 한바탕 웃음을 터뜨린 뒤 흔적도 없이 사라진 기쁨은 모르고 떠난 나의 뿌리 깊은 진짜 슬픔 곁에서, 영원히 떠나지 않고 동반해준 흉터들이다. 무뎌졌지만 자신도 오래된 일종의 슬픔이면서 오늘의 나를 같이 견뎌주는, 지워지지 않는 나의 상흔傷痕들. 지우고 싶어도 지우지 못하는 흔적이 있더라도 삶은 태연한 척 존속되어야만 한다.

泡 [포] 거품

 아무도 없는 겨울 바다를 관찰하면서, 파도가 뿜는 흰 포말泡沫은 바다가 큰 소리로 웃거나 우느라 튀어 오른 방울들 같다고 생각했다. 포말이라는 단어의 뜻은 물거품. 물[氵]을 품은 '泡'라는 글자 자체가 거품을 말하기도 한다. 거품은 일시적으로 기체 상태를 품은 액체이다. 그러니까 영원한 거품 같은 건 없다. 비눗물에서 비롯해 우리를 잠깐 웃게 만드는 비눗방울처럼. 다 웃거나 울고 난 포말은 다시 바닷물로 돌아가니, 포말의 근본은 어쨌든 바다다. 잔잔한 채로 수평선을 그렸던 바다의 근본적 지루함과 고단함은 다 잊기라도 한 듯이 씩씩하게 솟구쳐버리는 파도를 보면서, 생활이 어지럽게 물들었을 때 바다에 오고 싶어지는 이유를 알아냈었다.

 동네 펍에 앉아 유독 거품이 많은 오늘의 생맥주를 마시는데, 맥주 표면의 거품들이 꼭 포말처럼 보인다. 맥주를 들이

켜는 기분은 파도가 모래사장을 삼키는 바다에 가고 싶은 마음과 닮은 것도 같다. 근본적 슬픔을 눈감고 포말들이 얼굴에 튀는 해변에 앉아 있을 때의 기분처럼, 맥주도 잠깐 생활의 얼룩을 닦아주니까. 큰 소리로 웃고 싶은데 웃지 말아야 할 때, 혹은 엉엉 울고 싶은데 눈물을 참아야만 할 때, 물거품이 부서지는 파도를 보거나 뽀얀 거품이 뜬 맥주를 마시는 일에 얼룩진 기분을 잠깐 맡겨두는 것이다. 그러니까 바다와 동네 펍은 보글보글 거품이 머금어 주는 공기처럼, 나의 기분을 일시적으로 맡아주는 기분 보관소 같은 공간이다.

眉 [미] 눈썹

우리의 얼굴에는 가로획을 그리며 털이 나 있다. 눈 위에 난 눈썹을 별달리 지칭하는 문자는 이미 기원전에 생겼다. 지금은 '眉'라고 쓰는 이 글자는 눈 위의 눈썹을 그대로 옮긴 상형자象形字인데 갑골문甲骨文에서는 ' ', 금문金文에서는 ' '로 표현했었다. 인간은 눈썹을 찡그리고, 치켜올리며, 둥글게 말아서 기분을 드러낸다. 시름겨운 기색은 눈썹과 눈썹 사이 미간眉間에 나타난다. 옛날 사람들은 미간에 노란 황색을 띠면 기쁜 일이 생길 징조라 여겼고, 미간의 기운을 통해 인물의 성품을 가늠하곤 했다.

거울을 보다가 이따금씩 내 미간에 생긴 작은 주름들을 헤아린다. 나 모르는 사이 나의 어딘가에 생기고 있었던 마음의 자국 같은 것. 꽤 깊은 두 줄의 주름이 사랑하는 사람의 미간에는 깊어져 있다. 조금만 신경 쓰이는 일이 생겨도 습관처럼 찌푸리는 그 사람의 미간 주름을 나는 자주 손가락으로 꾹 눌러준다.

染[염] 물들다

아는 사람이 아무도 없는 그 마을에서 머리카락을 파랗게 물들이겠다며 파란색 염색약을 불쑥 사버렸다. 한동안 햇볕 아래에 머리카락이 파랑으로 빛나면 용감해지는 기분이 되었다. 어느 해에는 봄과 여름을 살았던 나라에서 연분홍색 염색약으로 머리카락을 물들이기도 했다. 전문가에 의해 물들인 것이 아니라서 좀 얼룩덜룩하거나 염색한 티가 잘 나지 않을 때도 있었지만, '나만의 블루, 나만 아는 핑크'를 품고서 잠깐이라도 일탈의 기분과 신남을 느꼈다. 몇 년간 혼자 마구 염색했던 흔적으로 지금의 머리카락은 고르지 못한 색깔이 되어 있다. 자주 다른 이름, 다른 모양, 다른 사람이 되어보고 싶었던 결과이다. 그런 열망은 지금의 나를 마땅치 않게 여기는 마음에 기인하기도 하고, 단순히 다른 삶에 대한 호기심에서 비롯한 것이기도 하다. 머리카락 하나 물들인다고 해서 정말 다른 사람이 될 수 있진 않지만, 잠시라도 기분과 태도가 다르게 물드는 건 확실하다. 파란색으로 물든 기분은 회색의 기분이 떠올리지 못했던 기쁨을 떠올린다. 분홍색으로 물든 태도는 검정색의 태도였을 때 감행하지 못했던 일에 도전하게 만들고. 이 얼룩을 또 다른 얼룩으로 덮어 물들이며, 나는 더 여러 번 색다르게 살아볼 작정이다.

點 [점] 점

 내 얼굴의 점들을 빤히 바라보던 선생님은 점을 모조리 빼는 게 좋겠다고 말했다. 얼굴의 점은 위치에 따라 저마다 의미하는 바가 있는데, 나의 점들은 나쁜 뜻을 가졌다고 판단했던 것 같다. 눈 바로 아래의 진한 점은 눈물 흘릴 일이 많다는 걸 암시한다는 식으로. 우리의 몸에 생기는 이 '點'을 구성한 두 글자는 '검을 흑黑'과 '점칠 점占'이다. 검은색의 둥근 모양이라는 '黑' 자에서 뜻을 빌렸고 점친다는 뜻의 '占' 자에서는 소리만을 빌려왔다지만, 우리는 점을 보면서 그 사람의 관상이나 미래를 가늠하기도 하니 의미 면에서도 '占'과 무관하지 않게 다가온다. 그동안 흘렸던 눈물을 전부 눈 밑 점의 탓으로 돌리고 싶지는 않다. 고집이 센 성미를 입 옆에 난 점의 탓이라 말하고 싶지도 않고. 점을 다 지우고 나면 잘 울지 않고 고집도 한풀 꺾인 사람이 되는 걸까? 그렇지 않으리라 믿기에 나는 얼굴에 있는 여럿의 점 중 단 하나도 지우지 않고 그대로 살아가고 있다. 점 하나 없이 완결한 인간이기보다 어떨 땐 엉엉 울고 어떤 일에는 고집스레 매달리면서, 운명과 화해하는 사람이 되는 게 더 좋으니까.

4부

떠나는 기분

散 [산] 흩어지다

    사라지는 것과 흩어지는 것의 차이점. 단숨에 눈앞에서 없어진 것과, 느슨히 풀어져 흐려지며 없어지고 있는 것. 모두 '무無'의 결론일지라도 둘은 속도가 다르다. 여전히 할 말이 많은 사람처럼, 미련이 한껏 남은 뒷모습처럼.

    어느 규칙도 따르지 않은 채 응축하지도 참지도 않고 말을 쏟아내는 사람이 있었는데, 나는 그이에게 "당신은 산문散文 같은 사람이네요"라고 말한 적이 있다. 말이 많다는 질책이 아니라 정말 있는 그대로의 감상이자 묘사였다. 문학의 장르로 사람을 분류해보기로 했을 때, 마치 장편 소설에 가장 가까울 것 같다는 의미였던 것이다. 나는 산문 같은 사람이 되는 일에 늘 실패한다. 산문 같은 사람이 되기 위한 첫 번째 조건은 아주 커다란 이야기 주머니를 가지고 있는 것이라 생각한다. 퍼내고 또 퍼내도 마르지 않는 샘물처럼, 쓰고 또 써도 말하고 또 말해도 계속 이야깃거리가 생겨나는 사람. 나는 아주 커다란 기분 주머니를 가지고 있지만 그걸 다 세상에 흩뿌려 내놓을 수는 없다. 기분이 많은 사람은 그것을 쏟아내 흩어지게 하는 것보다, 한데 모아 단단히 굴리거나 정갈하고 간결히 정리하는 편이 삶을 가누기에 더 효율적이다. 그러니 이런 속성을 지닌 나는 산문보다 운문韻文 같은 사람이다.

운문 같은 사람이 시간을 가누는 방법은 사라짐과 흩어짐 중 '사라지는' 쪽에 가깝다. 시로 맺고 나면 나에겐 더 이상 할 말이 남지 않는다. 때론 한 톨의 미련도 없이 뒤돌아 떠나갈 수 있다.

行 [행] 다니다

정처定處 없이 다니는 여행旅行을 좋아한다. 정해둔 곳이 없기에, 갈림길에서 아무 곳이나 선택해 어디로든 갈 수 있는 여행. 애초에 여행의 '行' 자는 십자 모양의 사방으로 갈린 사거리를 본뜬 글자다. '行' 자는 곧 그 갈림길을 걸어 다닌다는 의미다.

여행은 일상에서 택해 걷지 않았던 어떤 길로도 가볼 수 있는 시간이다. 지루할 만큼 익숙한 생활의 날들에선 눈에 띄지도 않았을 좁은 골목길 쪽으로 굳이 걸어가보는 것이 여행이다. 여행이기에 가볼 수 있었던 길들 위에 두고 온 것들이 많다. 일상의 길에선 떠올려볼 수 없는 마음을 새삼 여행길에서는 아무렇지 않게 와락 끌어안게 되니까. 그런 길이 지구 반대편에 있어 나는 그곳에 두고 온 걸 여생 내내 되새김하며 그리워해야만 하는 노릇이다. 너무 많이 그리워하다 보면 다시는 돌아오지 못하리라 믿으며 떠나온 갈림길에 한 번 더 가서 서 있게 될지도 모르고.

睡[수] 잠

잠깐만 누워야지, 했는데 잠이 들었다. 잠결에 들리는 창밖 웅성임의 언어가 한국어가 아닌 것 같았다. 순간의 몽롱함에 놓여 여기가 서울 내 방 침대인지 스위스 취리히 호텔 침대인지 헷갈렸다. 이런 얄팍한 설렘의 결론은 실망으로 끝날 때가 많다. 나는 지금 현실에 있음을 자각하면서. 눈을 뜨면 내 방 침대에 웅크린 채로 누워 있다. 그래도 깜박 쏟아진 잠 덕분에 나는 잠시 다른 곳에 있는 듯한 감각을 느꼈다. 잠은 돌아갈 수 없는 곳으로 데려다주기도 하고, 가끔은 살아본 적 없는 시간을 살아보게도 한다. 취리히 미술관에선 클로드 모네가 그린 〈수련睡蓮〉을 보았다. 수련에는 잠[睡]이 드리워져 있다. 모네는 어떻게 그런 몽롱한 잠의 색감을 구현했을까, 하는 생각이 들기도 전에 그림을 보는 순간 음악이 동시에 흘렀다. 시각이 청각을 발동시킨 것이다. 모네의 그림은 청각, 촉각,

후각을 동시에 불러왔다. 내가 그림 속 시간에 놓여 바로 그 빛깔의 장면을 보고, 그 공간의 냄새를 맡고, 그 순간 부는 바람결을 피부로 느끼는 기분. 그런 기분을 모네의 수련 앞에서 불쑥 느꼈다. 모네가 연못의 수련을 눈에 담았던 1952년의 어느 날 해 질 녘, 모네의 그림을 보았던 취리히의 2025년 3월 15일, 집으로 돌아와 졸다가 꿈결에 다시 취리히에 갔다가 또 모네 곁의 연못가로 가보았던 2025년 4월 24일.

緖 [서] 실마리

뜨개질하는 시간 속에 오래도록 고요히 침잠해 있었다. 멈출 수 없는 실뜨기. 두 개의 나무 바늘로 푸른 털실을 엮어서 넓고 좁은 면面을 직조해내고 있다. 바늘 한 코라도 어긋나게 엮으면 실을 풀어 잘못된 지점으로 돌아가거나, 차라리 모두 풀어버리고 처음부터 다시 시작하는 게 낫다. 겨우 실 하나를 잡아당기면 뜨개질에 몰두했던 시간이 와르르, 한꺼번에 힘없이 풀려 무너져버린다. 단서端緖를 이룬 '緖'라는 글자가 새삼스럽다. '緖'는 실마리이다. 실[糸]로 직조된 면의 가장 첫머리 실밥 하나를 당기면 얼기설기 얽혀온 전체의 면이 금세 풀리고 마는데, 그 결정적 실밥이 곧 실마리이다. 내가 그토록 찾아 헤매는 복잡한 심사心事의 해결책도 결국엔 꼬여버린 일의 가장 앞에 놓인 마음에 있을 것이다. 그곳으로 찾아가 초심을 잡아당기면 언제라도 다시 시작할 수 있다. 실마리가 어디에 있는지 알고 있으니 돌아갈 용기만 있으면 된다. 도저히 용기가 생기질 않는다면, 풀어지지 않도록 힘주어 실들을 더 단단히 매듭지으며 계속 나아가야 한다. 풀어질 듯 말 듯, 이도 저도 아니게 살 수는 없다.

老 [로] 늙다

 나이가 이만큼 든 게 신기하다. 아득한 과거를 모두 지금의 내 안에 품은 채로 시간이 또 흘러가는 것. 나는 점점 알록달록한 인간이 되어가고 있다. 색의 혼합은 결국 검정으로 수렴하겠지만, 살아 있는 동안만큼은 더욱 다채로운 색깔의 인간이 되고 싶다. 시간이 흘러 늙어가는[老] 건 세상만사에 익숙해지고 노련老鍊해지는 일이다. 그래서 어른이 되었다고 믿는 사람들은 그들의 삶에 더 이상 설렐 일은 벌어지지 않는다며 사는 게 재미없다고 한탄한다. 나의 생활에선 아직도 나를 서툴게 만드는 사건들이 불쑥 고개를 내밀고, 자꾸 어리석은 짓을 저지른다. 노련하나 재미없게 사는 삶과 서툴지만 재밌는 일들이 벌어지는 삶의 선택지 앞에서 언제라도 망설임 없이 후자를 택할 것이다. 재미없는 어른이 될까 무서워서 매번 예측불허한 골목길 쪽으로 발걸음을 돌린다. 어떤 길이 익숙하고 편안해지는 동안 정든 사람들의 사랑을 매몰차게 뿌리치고 다른 길을 찾아 떠나가는 건 슬프고 힘겨운 일이다. 그들을 떠나는 게 어리석은 선택이란 걸 더 나이 들어 깨달을 수도 있겠지만, 아무튼 지금 나는 또 한 번 모르는 세상으로 떠나 고생을 사서 해야지만 직성이 풀릴 것 같다.

髮 [발] 머리카락

한밤중에 누웠다가 벌떡 일어나 화장실로 가서 미용가위를 꺼내 머리카락을 짧게 잘랐다. 지금도 이미 나답겠지만 더 나답고 싶다. 이런 마음이 들 때마다 머리카락을 자르게 되는 듯하다. 처음 스스로 머리카락을 자른 건 공황장애를 앓던 때였다. 미용실만 가면 이상하게 공황 전조 증상이 심해졌다. 한번은 누워서 머리를 감던 중에 숨이 막혀 벌떡 일어나 미용실을 뛰쳐나온 적도 있다. 나는 그렇게 미용실에 못 가는 사람이 되었다.

스타일을 바꾸고 싶어도 미용실이 무서워 옴짝달싹 못하는 상황이 너무 싫었는데, 어느 날 문득 직접 내 머리카락을 잘라봐야겠다는 용기가 생겼다. 첫 도전에선 부엌 가위로 싹둑싹둑 긴 머리를 잘라 일자 똑 단발이 되었고, 그다음엔 미용가위 몇 개를 사서 숏커트를 해보았다. 이발理髮이라는 것. 내 머리카락[髮]을 다스리는[理] 일을 누군가에게 맡기지 않고 나 혼자 해냈다는 생각에 무척 뿌듯했다. 제어할 수 있는 혼자의 영역이 늘었다는 점에서 조금의 자신감도 더해졌다.

이후로 줄곧 나는 '다정 이발소'에만 간다. 다정 이발소는 아무 때나 문이 열린다. 이젠 염색과 파마도 할 수 있게 됐다. 머리카락을 자를 땐 복잡한 생각이 들지 않는다. 가위가 머리카락을 자르는 소리의 길을 따라서 쓸데없는 잡생각이 흘러나가는 것도 같다. 이번엔 다 자른 머리카락을 빗으로 빗어 보니 왼쪽과 오른쪽의 균형이 맞지 않는다. 그래서 더 마음에 든다. 내가 알고 있으면 장악할 수 있는 나의 불균형. 이 정도의 불균형은 가지런한 생활에서 벗어나 일탈을 저지르고 싶은 기분의 표시로 품고 지내도 좋다.

원래 나는 조금의 오차도 용납하기 어려워하는 성격이었다. 공황장애의 시절을 지나오며, 어떤 부분은 좋은 방향으로 바뀌었다. 참지 않고 터뜨리게 된 것, 미련하게 견디지 않고 저지르는 것, 무거우면 잘라버리고 가벼워지는 것. 나는 이제 심장이 두근거릴 것 같으면 당장 이런 선택지를 골라 편안해지려 노력한다. 머리카락이 가벼워졌으니 이제 홀가분하게 가고 싶은 곳으로 가야지.

別 [별] 나누다

나는 어떤 인사말을 남기고 그 사람과 함께 보낸 과거를 나의 과거와 나누어 떨어뜨려야 할지 도통 모르겠는데. 오늘 번역해야 하는 한자들은 이미 당사자들끼리 절절하고 모질게 다 끝난 과거의 이별 인사가 새겨진 단어와 문장으로 책 속에 박혀 있다. 글자를 쓴 주인공들은 고인故人이 되었고 그들의 세계는 폐허가 되었다. 하지만 그들이 새기고 떠난 글자는 여전히 꼿꼿하다. 그래서 이별의 언어로 적당한 글자는, 그것이 영영 죽지 않고 힘을 지닌다는 사실을 상기하면서 내뱉는 글자여야 한다. 칼[刂]로 뼈에서 살을 도려내 나누 듯[另] 우리가 아프게 헤어져 각자의 길로 점점 멀어지더라도, 과거의 그 자리에 멀뚱멀뚱 서 있다가 뿌리내릴 이별의 말. 한시漢詩 중에는 먼 길 떠나는 벗, 곁을 떠나버린 사람을 어쩌면 영원히 전송하면서 적어둔 이별시가 하나의 장르를 이룰 만큼 많다. 상대를 향한 마지막의 말일 수도 있다는 걸 예감하면서 고심 끝에 썼을 시들이다. 이렇게 우리가 남으로 나뉘어지는 의식에는 맺음말이 필요하다. 그러니까 우리가 작별作別하는 일은 결국 떠남[別]의 말을 짓는[作] 일과도 같을 것이다.

向 [향] 향하다

 '向'이라는 글자 가운데의 'ㅁ' 모양은 바람이 불어오는 북쪽을 향해 난 창문을 형상화한 것이다. 바람이 불어올 방향을 정확하게 가늠하고 실패 없이 그쪽으로 창문을 낼 수 있다면 얼마나 좋을까. 어디에서 불어올지 가늠이 어려운 바람들의 소용돌이 안에 놓인 기분이다. 자초한 불안정이지만. 지금껏 살아본 경험상 이런 기분의 너울을 빠져나가면 삶의 국면이 크게 한차례 전환된다. 어쨌든 당장은 모든 게 분명하지 않아 임시방편의 삶인 것처럼 느껴지는 나날이 고단하기도 하다. 그럼에도 한곳에 정착하지 않고 자꾸 새로운 바람이 불어오는 창문을 찾아 헤매게 되는 건, 아직 깨닫지 못한 세계를 깨닫고 싶다는 열망 때문일 것이다. 지금 무모해 보이더라도, 찾은 뒤에는 필연처럼 느껴지는 세계. 반드시 그쪽으로 향해 갔어야만 하는 세계. 끊임없이 그런 세계가 있는 곳을 더듬어

찾으면서, 바람이 불어오는 쪽으로 자꾸 창문을 만들어내며 살아오다 보니 어쩌다 여기까지 왔다. 꿈에서만 종종 등장하는 어떤 장소나 그곳에서만 벌어지는 꿈 같은 일들이, 먼저 미래로 가서 내가 무사히 와주길 기다리는 것도 같다. 그 미래는 커다란 창문이 있는 곳이 아니라 나에게 꼭 걸맞은 모양의 창문이 있는 곳에 있다.

海 [해] 바다

지난 초겨울엔 갈매기들이 유난히도 많이 사는 바다에 갔었다. 해안가에 폭우가 내린다는 일기 예보를 듣고도 나는 기어코 그날 그곳에 갔다. 차라리 거센 파도가 몰아치는 장면 안에 흠뻑 빠졌다가 나오길 바랐다. 씻어내고 싶은 기억을 파도가 모두 데려가줄지도 모르니까. 우리가 종종 바다에 바라는 건 그런 것이다. 먼발치의 바다까지 보이는 해변의 끝자락 벤치에 앉아 몸이 꽁꽁 얼어가는 줄도 모르고 오래도록 바다를 구경했다.

자세히 관찰한 해면_{海面} 위에는 갈매기들이 앉아 있었다. 바다새가 바다에 앉을 수도 있다는 사실은 지금껏 새들과 바다만 아는 비밀이었을 수도 있는데. 흐린 날의 바다에는 갈매기와 나뿐이었다. 세상엔 새들이 앉는 바다가 있음을 알려준 바다에게, 아무 때나 편히 앉아 쉬어도 되는 넓은 '바다 의자'

를 나에게도 만들어달라고 소원을 빌었다. 아득한 바다는 신비로운 생명력을 지닌 존재처럼 다가오기에 그 앞에선 새삼 엉뚱한 걸 간절히 기도해보기도 한다.

바다를 한 번도 보지 못한 옛날 사람들에게 바다는 더욱 미궁의 비밀 세계였겠지. 지금 내 눈에 보이는 세계를 똑같은 이름으로 불렀던 과거인들은 이 세계를 어떻게 같고 다르게 인식했을지 습관처럼 가늠해본다. 바다를 주제로 쓴 그들의 시나 산문에서 바다는 용이 출몰하는 곳이라거나 고래의 들숨과 날숨이 썰물과 밀물을 만든다거나 하는 허황한 상상의 공간으로 묘사되곤 한다. 평생에 단 한 번도 바다를 보지 못한 작가는 풍문으로만 들은 바다를 비현실적인 세계로 그려냈다. 여행이 쉽지 않았던 과거였으니까. 바다에서 비롯된 민담과 전설이 바다를 그저 동경하기만 하는 사람들의 입을 건너다니며 눈덩이처럼 점점 불어나게 된 이유다.

바다에 가고 싶은 기분이지만 당장 달려갈 수 없기에 오늘 나는 가장 최근에 갔던 바다의 기억을 불러왔다. 초겨울 흐린 날 갈매기와 공유했던 바다 기억을 펼치고 오래 앉아 있어 보았다. 소환한 '바다 의자'에 나쁜 기분을 앉혀두고 오니 한결 홀가분해졌다. 바다는 그날의 내 소원을 이루어준 셈이다.

기댈 자리가 많이 필요한 사람일수록 바다를 신비로운 세계로 여기고 싶어지는 걸까. 허황하리만치 비논리적으로 바다를 그려냈던 옛날 사람들 역시 믿을 구석이 몹시 간절했던 것일 수도 있다.

初 [초] 시작

한 벌의 옷이 완성되기 위한 첫걸음은, 가위[刀]로 옷감[衤]을 재단하기 시작하는 것. 무언가를 처음 시작한다는 건, 가깝고 먼 미래에 그것이 어떤 모양새일지 가늠할 수 없더라도 일단은 힘껏 손발을 떼어 행동으로 돋우는 것이다. 발돋움 끝에 닿은 곳이 지향해온 자리가 아니라면 자세와 시선을 고쳐 또 다른 지향점을 만들면 된다. 지향점에 딱 맞게 가위질과 바느질이 도착하는 것도 좋지만, 그보다 나는 예기치 못했던 지점에 불쑥 놓이는 일을 더 좋아한다. 그런 지점에 머물러보는 시간이 전혀 새로운 꿈을 이루어낸 미래로 나를 데려다주는 경험을 자주 해보았기 때문이다. 처음 계획과 달리 뜻밖의 엉뚱한 가위질이 색다른 아름다움의 옷을 만들어내기도 하듯이 말이다.

5부

잊고 싶은 기분

雪 [설] 눈

눈을 뜻하는 '雪' 자는 원래 '𩃲'의 모양이었고, 눈이 내린다는 뜻의 '雨' 아래에 놓인 '彗'는 빗자루로 눈을 쓸어내는 걸 의미했다. 그래서 설욕雪辱이나 설치雪恥처럼, 부끄러운 마음을 씻어낸다는 단어에서도 '雪'을 쓴다. 소복하게 쌓여 원래의 모양을 덮어버린 눈을 빗자루로 쓸고 평상의 상태로 되돌리듯이. 폭설이 내린 지난겨울의 어느 날, 난간에 쌓인 눈들을 모조리 쓸어 뭉쳐 커다란 눈사람을 만들어두곤, 나만 아는 부끄러움은 이제 다 그러모아 눈사람이 되었다고 생각해버렸다. 눈사람이 녹아 사라지면 나를 너무 괴롭히던 부끄러움도 다 잊기로 결심했다.

喟 [위] 한숨 쉬다

'위연喟然히'라는 말은 한숨 뱉으며 탄식歎息하는 모양을 나타낸다. 입[口]을 통해 길게 내뱉는 한숨[喟]은 일종의 언어이다. 단어와 문장을 구사하지 않아도 되는 기분의 언어. 한숨을 내쉬면 소리가 난다. 그래서 누군가와 함께 있을 때 한숨은 상대에게 기분을 전달하는 수단이 되기도 한다. 내가 좋아하던 그는 한숨을 무척 자주 쉬었다. 사실은 그동안 한숨 듣는 게 괴로웠다는 나의 토로에 그는 습관이라며 내가 그리 힘들지 몰랐다고 미안해했다. 습관이라 할지라도 같은 공간에 있던 나에겐 깊고 얕은 한숨들이 모두 기분으로 와 닿았다. 그러나 그의 말처럼 단순히 습관이 아니라 분명 때마다 이유가 있는 탄식이었으리라 생각한다. 한숨은 원래 그런 속성으로 터져 나오는 것이니까. 그 이후로 나도 타인과 함께 있을 때 한숨 쉬길 더 조심하게 됐다.

홀로 방에 있을 땐 아무도 의식하지 않아도 되니까 문득 잊고 싶은 게 떠오르면 위연히 마음대로 한숨을 내쉬어버린다. 문제는 한숨이 되어 나온 기분의 반향反響하는 소리를 듣고 난 뒤, 기분에 묻어 있던 나쁜 먼지들이 털어지는 게 아니라 오히려 무겁게 마음에 달라붙는다는 것이다. 그래서 나에게 한숨은 나쁜 행위라는 인상으로 굳어져 있었다. 생각이 바뀐 건 한숨에 대한 상담 선생님의 이야기를 듣고 나서이다. 선생님은 숨을 내쉴 때 나쁜 기분을 다 내뱉어버리고, 반대로 크게 숨을 들이쉴 때 좋은 기분을 가득 마시는 명상 호흡법을 알려주었다. 탄식하고 싶은 생각이 들면 한숨을 쉬되 나쁜 숨을 뱉어내고 나서 그 반향으로 좋은 숨을 들이마시는 의식을 행하는 것이다. 이 방법이 꽤 효과가 있다. 매번 그런 건 아니지만 어떤 날의 기분은 작은 결심과 시도만으로도 가눌 수 있다.

忘[망] 잊다

내가 가진 많은 걸 잊어버리고 싶다. 잊는 것은 내가 잘 못하는 일 중에 하나다. 나는 망각忘却에 자신이 없다. 잊는 게 두려워서 전부 기억하려고 애쓰며 살아왔다. 언젠가는 쓸모 있을까 싶어 낱낱이 헤아리며 끌어안고 사는 조각들, 나를 반성하고 미워하기 위해 되새김질하는 조각들. 작은 조각도 너무 많이 모이면 무겁고 따갑다. 그것이 중요하든 사소하든 간에 버리는 쪽을 선택하더라도 아무런 일이 벌어지지 않고 무사할 수 있다는 걸 경험한 과거가 별로 없는 것 같다. 그래서 버림을 경험하고자 아주 멀고 낯선 곳으로 여행을 떠나왔다. 깃든 추억이 없는 사물들로 구성된 공간, 기억나는 것이 하나도 없는 세상에서 생활을 닮은 여행을 해볼 작정이다. 망각을 이룬 '忘'이라는 글자가 시키는 대로, 이제부터는 마음[心]에서 지난 기억들이 쉽게 미끄러져 달아나버리도록[亡] 내버려두는 사람으로 살아보고 싶다.

　일부러 잊어버리고 잘 잃어버리는 걸 연습해보기로 했다. 아까워서 손에 꽉 쥐고 있는 걸 놓아버리면 어떤 기분일까. 오늘 마트에서 산 튤립 한 다발을 들고 공원을 지나 숙소로 돌아오는 길에 버스킹하는 연주자, 벤치의 옆자리에 앉은 노부부, 길에서 만난 아이에게 튤립을 몇 송이씩 전부 나눠줘버렸다. 갑자기 낸 용기에 튤립은 사진으로 남길 새도 없었다. 빈손으로 숙소에 돌아와 해가 지는 하늘을 창문으로 내다보며, 버리는 일이 반드시 쓸모를 잃는 게 아닐 수도 있다는 생각을 처음 해보았다. 순간의 기쁨과 슬픔으로 과거에 그냥 두고 모른 척 훌훌 떠나도, 그것으로 이미 시간은 할 일을 다 했다. 지난 시간은 내가 애써 반추하지 않아도 그대로 온전하다.

哭 [곡] 우는 소리

 소리 내어 울면서 잠에서 깼다. 슬픈 분위기의 꿈을 꾸었는데 꿈은 조각 장면들로만 남아 있다. 사랑하던 마음이 끊어진 기분, 혼자 캄캄한 방 안에서 귀신을 무서워하는 기분, 이미 곁을 떠난 이에게 나를 구하러 와달라고 소리치는 기분의 메아리가, 꿈에서 깬 뒤로 오래도록 사라지지 않고 맴돈다. 한동안 잘 울지 않는 사람으로 살았다. 그런 사람이 되기 직전의 한 시절 동안엔 너무 많이 엉엉 울었기에 나는 이제 사람이 살면서 흘려야 하는 눈물을 다 소진해버린 것이라고 생각했다. 성급한 착각이었다. 다시 눈물이 많은 사람으로 돌아왔다. 꿈에서까지 자꾸 울었다. 울음은 사랑과 상실의 양면을 끌어안고 형성되었다. 돌이켜보면 언제나 그랬던 것 같다. 사랑과 상실은 모두 내 의지의 바깥에서 멋대로 만들어졌다가 또 어느새 흘러가버리기에, 내가 할 수 있는 일이라고는 여기에서 슬퍼하며 우는 것밖에 없다. 기분에 눈물방울들이 맺힌 채로 침대에서 일어나 하루를 열었다. 밖으로 나가, 해야 하는 말을 하고 사람들이 웃으면 따라 웃고 친구와 약속한 식당에 가서 밥을 먹을 것이다. 이런 날에는 기분과 생활의 부조화가 불협화음의 곡을 연주하게 만들겠지. 아름다운 멜로디에 얹힌 모든 노래는 그런 어긋남을 동시에 끌어안고도 꿋꿋하게 악보를 따라 목청을 올리는 곡소리라 할 수도 있겠다.

痛[통] 아프다

 몸이 아플 땐 혼자다. 나에게는 '혼자'라는 느낌이 가장 짙어지도록 촉발하는 감각이 통각痛覺인 듯하다. 아무도 도와줄 수 없는 몸의 아픔. 고열, 근육통, 인후통을 동반한 심한 독감을 앓고 있다. 며칠째 침대에 누워만 있다. 통痛을 이룬 '疒'은 '병이 들어 침상에 기대다'라는 뜻이다. 기댈 수 있는 침대에서 통증이 찌르는 몸을 감당하는 건 온전히 몸의 주인인 내 몫이다. 사람들이 서로에게 퍼뜨리고 소리 없이 번지는 전염병. 나 모르게 몸에서 번지는 중인 염증. 소리 없이 아픈 병 앞에서 누구를 탓해야 하는지 우리는 모른다. 그래서 더 원초적 고독함에 가 닿는다.

 열이 내리고 정신이 돌아오니 부쩍 울적함이 밀려들어 노트북을 가져와 침대에 등을 기대고 앉았다. 이럴 때 혼잣말이라도 뱉어내 적다 보면 결국 씩씩함으로 마침표를 찍게 될 확률이 높다. 스무 살 이후론 내내 혼자 아팠다. 아픔을 고향의 가족들에게 알려봐야 그들의 걱정만 더할 뿐 나아질 것이 없다고 생각했다. 서울살이하면서 응급실에 가고, 큰 기계 안에 들어가 검사를 받고, 아픈 주사를 맞는 일들을 대체로 혼자 지나왔다. 그게 더 간편하다고 여기기도 했다. 여기에서 '간편함'의 반대에 놓인 건 고마움, 미안함, 슬픔, 죄책감…. 눈물이 나게 하는 그런 감정을 끌어안는 것이 버겁고 거추장스러워서 나는 쉽게 손을 내밀지 않았다. 그러나 동생이나 부모님, 나의 연인이 아프다고 하면 나는 물수건을 만들어 그들의 이마에 얹어주고 약과 밥을 먹인다. 그들에게도 나를 돌볼 기회를 주지 않는 나는 이기적인 걸까.

    아직은 내 방식대로 혼자를 잘 돌보고 싶다. 한껏 누워 있다가 일어날 수 있을 때 일어나 몸을 더 세심히 돌보아야지. 이런 다짐이 나를 더 튼튼하게 만들 것이다.

怨 [원] 원망하다

　우리 사이의 관계가 아무리 애틋하더라도, 그 애틋함의 지속가능한 시간은 정해져 있다. '우리'가 친구이든 연인이든 동료이든, 우리는 한 시절 동안 둘도 없는 단짝으로 지냈지만 슬프게도 지금은 아니다. 벙근 꽃망울이 피어나 절정의 아름다움을 뽐냈다가 떨어지는 봄의 시간이 너무도 짧은 것처럼. 우리는 한때 둘도 없는 사이였다. 기력을 다한 관계에 있어 원망은 상대를 향하지 않는다. 원통하여 바닥을 뒹굴[夗] 만큼 속상한 마음[心]이 생기는 발원지는 상대가 아니라 차라리 나이다. 이렇게 된 것은 누구의 탓도 아님을 우리는 잘 알고 있다. 때가 맞았던 어느 한 시기 동안 '우리'로서 충분히 기뻤다. 모든 시절이 그렇듯 우리였던 그날로 다시 돌아갈 수 없다. 이제는 가벼운 안부 연락조차 하지 못하는 사이가 된 사람이 어젯밤 꿈에 나왔다. 꿈에서 우리는 뜨거운 밥을 나눠 먹었고 바다가 보이는 길을 같이 걸었다. 어떤 관계에는 마침표가 쉽사리 찍히지 않고, 보이지 않더라도 삶의 어느 구석에서 계속 맴돌고 있다. 꺼지지 않는 불씨로 잠자코 있다가, 혹시나 생전에 운 좋게 다시 우리의 시절이 와준다면 또 우리는 신나는 날들을 함께 뛰어다닐 수 있을까.

焱 [염] 불꽃

 기분이 상하는 사건에서 도망치듯 빠져나와 무작정 걷다가 문방구를 발견했다. 문을 열고 들어가보니 곧장 시선이 닿는 자리에 크고 작은 형형색색의 초들이 진열되어 있다. 그중에 가장 긴 초를 샀다. 긴 초는 긴 시간 동안 불씨를 살려둘 테니까. 방으로 돌아와 책상에 앉아 촛대에 초를 꽂고 등심燈心에 불씨를 붙였다. 한 겹의 불씨[火]였다가, 또 조금의 바람에도 일렁여 두 겹의 불씨[炎]로, 세 겹의 불씨[焱]로 아른거리는 촛불. 겹을 이룬 불씨는 잎들이 입을 모은 꽃봉오리처럼도 보인다. 초를 점점 아래로 녹이며 위를 향해 활활 타는 불꽃을 응시하다 보면, 여운을 끊어내기 어려운 나쁜 기분도 덩달아 타 내려가며 형체를 잃어가는 것만 같다. 아름답게 아른거리는 한 방울 뜨거움이 초를 천천히 삼키는 중이다. 무언가가 세상에서 사라져가고 있다는 감각이 짙어진다. 혼자 가누지 못할 기분을 품은 날에는 그 기분을 불꽃에 맡겨 서서히 연소시켜 주길 바라는 이 방법이 아주 유용하다.

石[석] 돌

크고 작은 돌들이 바다에도, 벌판에도 있는데 고대인들은 하필 산의 벼랑[厂] 아래 놓인 돌덩이[口]의 모양을 형상화해 글자[石]를 만들었다. 매일 바닷물에 씻겨 반짝이는 돌, 자유롭게 바람을 맞으며 어디로든 굴러갈 수 있는 돌이 아니라, 험하고 가파른 산 그림자 아래 외따로이 덩그러니 놓인 돌. 인간은 한 톨도 관여하지 않은 채 오로지 산이라는 자연이 움직여 뭉친 견고한 암석巖石. 세계와 자연의 질서를 망가뜨리지 않기 위해 원래의 자리를 지키고 있는 것만 같은 묵직한 돌 앞에서는 저절로 소원을 빌기도 한다. 마치 이 세계에 없는 듯이 그림자처럼 수백, 수천 년을 멈추어 있었을 산속 돌에게, 누구한테도 꺼내놓지 못한 오래된 기억을 다 털어놓고 돌아온 적이 있다. 고고히 한 곳에서 얼마나 오래 있었는지 가늠하기 어려운 돌은 긴 세월 동안 여러 사람의 웅성임을 들어왔을 테지. 그런 돌에게 마음을 내뱉어 기도하고 난 인간의 무게는 한결 가벼워진다. 어떤 돌이 유독 견고하고 무거운 건 사람들이 세상에 털어놓은 너무 많은 이야기를 어디에도 발설하지 못하고 꼼짝없이 기억해야 하기 때문일까. 사람들이 자꾸 그 앞으로 찾아가 말을 걸다 보니 영물靈物이 된 돌들이 산마다 살고 있다.

旬 [순] 열흘

한 달 중 3분의 1에 해당하는 열흘의 시간이 매우 빠르게 지나갔다. 과거에서 걸어 나오기를 열망하면서 시간을 최대한 납작하게 누르며 애써 통과하고 있다. 살다 보면 주어진 시간을 쪼개어 의미 부여할 만큼 기쁘지 않아 어제 같은 오늘, 오늘 같은 내일을 그저 버티며 보내야 하는 때도 찾아온다. 이런 시절은 하루[日] 단위가 아니라 열흘[旬] 정도의 큼지막한 단위로 세는 게 더 적절할 수도 있다. '일一'부터 세기 시작해 '십十'에 도달하는 것이 아니라, 처음부터 10으로 시작하는 헤아림. 그러면 힘겹다고 느껴지는 이 시절의 시간이 좀 더 빨리 흘러갈 것만 같다. 아득히도 긴 어떤 시절 가운데 어느 지점에 놓여 있다는 직감이 들 때도 그 세월을 하나씩 세어가야만 한다면, 지루함과 지겨움에 몸서리치며 너무 괴로워해야 하니까.

옛날 사람들이 열흘을 말하려고 '旬'이라는 글자를 따로 만들어둔 건, 열흘을 최소 단위로 삼아 시간의 흐름을 세야 할 때가 우리 삶에 찾아오곤 하기 때문이었으리라. 일순―旬, 이순二旬, 삼순三旬…. 이렇게 세월을 성큼성큼 헤아리면 보다 빨리 괜찮은 미래에 가 있을 듯한 기분이 든다. 누군가를 애타게 그리워하는 이별 후의 시간, 도망칠 도리가 없어 오롯이 아파야 하는 시간, 눈물이 완전히 다 마르기 위해 필요한 시간처럼 기나긴 견딤은 열흘씩 세어 얼른 삶의 지나간 마디가 되도록 만들어버리는 것이다.

溶 [용] 녹다

 더 오랫동안 잊히지 않는 건 음성으로 닿았던 말보다, 표정으로 새겨진 얼굴이었던 것 같다. 갑자기 세차게 쏟아지는 굵은 소나기 아래에서 우리는 목소리를 잘 알아듣지 못한 채로도 얼굴을 마주 보며 서로의 기분을 알아챌 수 있었다. 굵은 빗소리에 묻힌 음성은 용해溶解되어 아무것도 아닌 게 되어버렸지만 끝내 얼굴은 녹아내리지 않았다. 얼굴 속 눈빛과 입꼬리의 모양, 볼에 닿았다가 튕겨 나가는 빗방울들. 빗줄기 속에서도 녹지 않고 더 반짝였던 얼굴. 녹는다는 뜻의 한자 안에는 얼굴[容]이 들어 있다. '溶' 자의 핵심은 물[氵]에 있다지만, 하필 왜 거기에 얼굴을 넣어두었나. 이 글자를 최초로 만든 사람이 물에 녹여 잊고 싶은 건 얼굴이었을까.

6부

집에 온 기분

至 [지] 이르다

'이르다[至]'라는 건, 날아오른 새가 높은 곳으로부터 아래로 내려와 착지했다는 말. 예전으로부터 날아와서 이른 오늘이 곧 '지금至今'이라는 말. 그러니까 우리가 도착한 지금이란, 쏜살처럼 선線을 이루며 떨어진 시간의 종착점 같은 것. 종착점에 지붕[宀] 하나만 씌워주면 집[室]이라는 글자가 된다. 기를 쓰고 지금에 무사히 도착한 사람에겐 그를 덮어줄 커다란 지붕 같은 걸 선물하고 싶다. 그가 집에 온 기분이 들도록.

物[물] 만물

    컨디션이 좋지 않아 낮부터 침대에 누워 있다가 새삼 방 구석구석을 오래 관찰했다. 벽과 모퉁이 가득 쌓인 물건物件들로 인해 작은 방이 너무 무거워 보이지만 또 몹시 나답게 조성된 현장이기도 하다. 물건마다 묻어 있는 다른 빛깔의 기억과 감정을 섭렵하는 애착의 무게까지 더해져 내 작은 방의 아우라는 더욱 밀도 높게 팽팽해졌을 테다. 내 방에 가장 많은 물건은 책이다. 이 방으로 이사 올 때 책을 담는 박스가 서른 개가 넘었다. 쌓인 책탑의 아랫부분에 있는 책이 필요해 겨우 꺼내고 나면 책탑들이 일동 휘청인다. 언제 어느 서점에서 구매해 어떤 장소에서 오래 읽었는지 첫 면에 적어둔 책들. 꺼내어 펼쳐보지 않아도 그 기록이 머릿속에 그려지는 건, 이미 여러 방에서 나랑 함께 살면서 내 생활에 각인되었기 때문이다. 그리고 책상 근처에 모아둔 온갖 잡동사니 문구류들. 이제는 쓸

모와 기운을 다한 것을 종종 정리하지만, 동그랗고 세모지고 네모난 이 세상의 아름답고도 자질구레한 물건들은 자꾸만 내 방에 쌓인다. 자취를 한 이후로 사서 모은 아끼는 물건 중 빼놓을 수 없는 것이 식기류이다. 청록색 커피잔, 베이지색 접시, 음표가 그려진 유리 빨대, 돌고래가 영롱한 머들러, 여행지의 문구사에서 산 보라색 포크. 기분이 어둡고 무거울 땐 내가 데리고 다니는 이 물건들이 부담스럽게 느껴지기도 한다. 하지만 다시 방에도 나에게도 햇볕이 들고 나면, 저마다의 방식으로 나를 돕는 방의 만물萬物들에 다 고맙다.

適[적] 가다

 한문을 공부하게 된 것도, 그러다 만주어의 세계에 빠져든 것도, 어느 날 문득 내린 결정인 듯하나 사실은 알맞은 해답을 찾아가기 위해 길고 복잡한 시행착오들이 있었다. '가다'를 나타내는 한자 '適'은 딱 알맞은 바로 그것을 찾아가 만난다는 의미를 내포하고 있다. 살다 보니 우연히 골라 집어 들었는데 나에게 꼭 맞는 물건이었던 때도 있고, 걸음을 내딛고 싶은 쪽으로 무작정 내딛었는데 내가 꼭 가야 하는 장소였던 적도 있다. 아직 언어의 바깥에 놓인 마음의 한구석이 나에게로 데려온, 나를 데려다준, 우연 같은 운명들. 어쩌면 각자의 우리는 저마다 전일專一한 자신의 성정, 오로지[專] 그 하나[一]로 수렴하기 위한 선택을 하면서 살아가는 것 같다. 우연히 만났는데 전례 없는 기쁨과 평안을 느낀다면, 딱 알맞은 그 만남으로 도착하는 길을 내가 아주 오래전부터 닦아온 것일 테다. 오늘 기분이 내켜 불쑥 집 밖으로 나와 한참을 쉬엄쉬엄[i] 찾아온 카페의 구석 자리가 마음에 쏙 든다. 덕분에 기쁜 생각들을 여기에 적는다.

困 [곤] 곤란하다

며칠째 자려고 누우면 '피곤疲困하다'는 말이 나지막하게 터져 나온다. 생활의 모습도 심신의 상태도 궁색窮色을 면치 못하고 있는 나날이다. 곤란困難한 처지에 놓였음을 외면할 수 없다. 구차해지고 싶지 않은데 이럴 땐 어김없이 구차해지고야 만다.

이런 모양의 기분은 무엇을 말미암고 나온 것일까. 한자의 기원이 담긴 가장 오래된 한자 자전《설문해자說文解字》에서는 '困'이라는 글자를 '오래된 오두막집[故廬]'이라고 해석했다. 네 벽으로 둘러싸여 막힌 집[囗]과 그 안에서 자란 나무[木]. 낡은 채 오래도록 방치된 집 안에서 홀로 여전히 자라고 있는 나무의 한 장면을 떠올려본다. 꽉 막힌 곤란 속에서도 살아 있는 나를 버리지 않고 길러야 한다. 저마다의 벽 안에서 자신을 지키는 고단함을 우리는 서로 감히 헤아리기 어렵겠지.

休[휴] 쉬다

나무에 등을 대고 기대어 쉬는 한 사람의 장면[休]은 그대로 문자가 되어 '쉰다'는 의미를 나타내게 되었다. 곰곰이 생각해보면 모든 쉼은 어딘가에 기대어 쉬는 것. 의자 등받이에, 침대에, 사랑하는 이에게, 좋아하는 무언가에. '휴휴休休' 혹은 '휴휴당休休堂'을 자신의 자字나 호號로 썼던 고려와 조선의 선비들이 있었다. 휴휴, 휴휴당, 그렇게 불리고 싶었던 마음을 알 것만 같다. 이름을 부르는 그 잠깐은 편안한 자리에 멈추어 기대 휴식하는 듯한 기분이었을 테다. 혹은 급한 성미를 고치고 싶다거나 평상시의 생활이 늘 바쁜 것이 불만스러워 현실과는 반대로 바라는 바를 자호로나마 지어두었을 수도 있다. 기대어 잠시 쉴 대상은 꼭 물리적인 것이 아니라 추상의 결심이나 지향으로도 때론 충분하다. '휴식休息'은 애초에 잠시 쉰다는 의미다. '식息'이라는 글자의 뜻이 '숨을 한 번 쉬는 동안'이기에 휴식은 그만큼 짧은 시간을 말한다. 이름을 불러보는 그 찰나의 쉼만으로도 어떤 사람은 하루 종일을, 한 시절을 버틸 수도 있었을 것이다.

閉 [폐] 닫다

　모든 외부 자극이 들어오지 못하도록 잠깐 문을 닫고, 나만 있는 집에서 웅크리고 싶은 기분이다. 나는 그런 방식으로 나를 지킬 수 있는 사람인데. 가족이든 친구든 연인이든, 나 혼자만의 방 열쇠를 나누어주지 않는다고 채근하면, 이중문으로 빗장을 더 꼭 걸어 잠그고 싶은 청개구리 심보가 된다. 누군가와 사랑에 빠져버린 나는 매번 어리석게도 선뜻 나의 집 열쇠를 나누어 주지만, 그때마다 머지않아 후회한다. 아무 때나 벌컥벌컥 문을 열고 들어오는 무례한 사건은 어김없이 쉽게 벌어지고, 그럼 나는 방문도, 마음의 문도 단단히 닫아걸고 싶어지는 것이다.

　원래 닫는다는 뜻의 '閉' 자는 문[門] 가운데를 빗장[才]으로 막아 잠근 모양을 형상했다. 마음을 닫는 것 역시, 마음이 드나드는 '문'을 닫는 것. 나에게 문을 닫는 건 중요하다. 문을 닫지 못하는 공간은 집이 될 수 없고, 문을 닫지 못하게 하는 사람과는 오래 친하게 지낼 수 없다. 어떤 공간의 거실에서만 생활해야 한다면 아마 그 공간은 집으로 인식되지 못할 것이고, 나만 알아야 하는 이야기까지 다 알고 싶어 하는 사람을 만나면 절대 집에 온 듯 안전한 느낌이 들지 않을 것이다.

얼마 전 술에 취한 이가 새벽녘에 자신의 집인 줄 착각해 내 자취방 문 비밀번호를 눌러대서 공포에 떨었던 적이 있다. 그 이후로 지금껏 내내 이 공간의 문이 나 아닌 타인에 의해 열릴 수도 있다는 사실에 사로잡혀 집을 잃은 기분이다. 그러니 '집'이라는 공간의 개념은 '나만 열 수 있는 문이 있는 곳'이라 정할 수도 있겠다. 가족과 공유하는 집이 종종 집처럼 느껴지지 않은 것 역시 우리집 열쇠를 나 아닌 가족들도 갖고 있기 때문이었던 것 같다.

그럼에도 사랑하는 사람이 생길 때마다 나는 또 집 열쇠를 나누어 가지는 어리석은 선택을 계속해서 하게 될 테다. 서로의 닫힌 방문을 몰래 열어보려 애쓰지 않고, 초대받은 날에만 서로의 방에 기쁘게 놀러 가볼 수 있는, 같은 집에서도 각자의 방을 운영하며 자유롭게 공존할 수 있는 최적의 룸메이트를 찾을 때까지.

鳴 [명] 울다

올봄에 한 달을 살았던 방 창가에는 밤에도 아침처럼 새가 찾아와 울었다. 매일 어김없이 온 새가 우는 소리를 아침 잠결에 혹은 밤 잠결에 들으면 이상하게 안심되었다. 울어야 하는 나 대신 울어주는 것 같았다. '나는 한 달만 있다가 떠날 손님이지만 새들에겐 이 방이 집이겠지? 새는 여기로 날아오는 동안에도 울었을까? 아니면 여기에 도착해서야 비로소 울음을 터뜨린 걸까?' 누운 채로 그런 걸 궁금해했다. 생각해보면 나는 집에서만 소리 내어 울었다. 조용히 눈물 흘리는 게 아니라 "엉엉" 하며 터지는 울음. 입[口]으로 큰 소리를 내면서 우는 새[鳥]처럼. 사실 어떤 날에는 신명 나게 지저귀며 노래 부르는 것이었는데도 나는 새가 또 운다고 오해했을 것이다. 큰 소리로 웃는 웃음이 때로는 엉엉 우는 소리처럼 들리기도 하듯이.

果 [과] 열매

 어릴 적 여름방학마다 갔던 외갓집 마당엔 앵두나무가 있었다. 달고 부드러우며 말갛고 빨간 앵두라는 열매를 마음껏 따서 먹어본 건 지금까지 인생에서 그 시절의 여름들뿐이었다. 키가 작았던 나의 손이 닿지 않는 나뭇가지 끝의 열매들을 외할머니가 따주시곤 했다. 우리가 따지 않은 열매는 새들의 몫이 되었고, 세찬 여름비 끝에 나무 아래는 떨어진 앵두들로 붉게 물들었다. 길지 않은 시절이었지만 빛났던 앵두들의 빛깔과 촉감이 아직도 분명하게 알알이 기억난다. 열매는 나무[木] 끝에 매달려 '果'와 같은 형상이 된다. 나무가 맺은 열매와 너무 멀고 높은 아파트에 살았던 그때의 나는, 나무와 함께 집을 나누어 쓰고 나뭇가지에 맺힌 열매를 새들과 나누어 먹는 일이 무척 멋지다고 생각했다. 열매의 방언 중 하나는 '열음'이라는 사실을 발견한 어른이 된 후로, 여름과 열매는 얼마나 잘 어울리는지 하고 싶은 말이 더 많아졌다. 어렸을 땐 이유 모르고 앵두나무를 좋아했지만 이제는 "저는 여름날 나무에 매달린 싱그러운 열매 한 알을 발견해 애호하면서 생의 의지를 다잡는 종류의 사람입니다"라고 분명히 자기소개를 할 만큼 나를 잘 알게 됐다. 언젠가 마당이 있는 집을 가꾸어 살게 되면 꼭 과실나무를 심고 싶다. 그럼 그땐 누가 어디에 사냐고 물으면, 골목 끝 앵두나무 집이요, 삼거리 사과나무 집이요, 이렇게 답해봐야지.

窓[창] 창

내몽고 초원에서의 첫 밤은 '게르ger'라고 부르는 몽골 전통식 숙소에서 묵었다. 게르는 분리와 이동이 간편한 조립식 가옥이다. 움직이는 집이라고 할 수 있다. 천장에 난 둥근 구멍은 일종의 '창窓' 역할을 했다. 누운 채로 천장을 올려 보면, 마당 여기저기에서 노는 관광객들이 쏘아 올린 폭죽과 연기가 마치 옅은 구름 사이로 별똥별이 우수수 떨어지는 듯한 장면을 연출했다. 사물을 분간할 수 없을 만큼 캄캄한 초원 하늘에 총총 별이 맺힌 밤을 기대했는데. 그러나 창이 하늘로 뚫린 덕분에 사람들을 삭제한 채 연기와 불꽃만이 보였고, 수백 년 전 초원의 밤이라는 착각에 빠져보기에 충분한 밤이었다.

나는 영원히 정착하지도, 영원히 머무르지도 않는 유목의 삶을 동경해왔다. 한문학을 공부하다가 만주어와 몽골어를 비롯해 유목민족의 언어와 역사를 탐구하게 된 것도, 움직이는 삶에 대한 동경심에서 비롯한 것이나 다름없다. 이런 게르에서 밤을 보냈을 유목민들 역시 둥글게 뚫린 천장으로 하늘을 바라보았을 테다. 다른 위치의 초원과 사막에 집을 옮겨간 밤에도 집으로 돌아와 누우면 같은 하늘이 보였겠지. 하늘을 향해 있는 창 덕분에 집이 집다워진 건 아니었을까. 그들은 무슨 생각을 했을까. 견고히 지은 집의 벽에 낸 네모난 창문으로 매일 같은 풍경을 내다보는 삶을 사는 사람과는 분명 다른 생각을 했으리라.

창문을 말하는 '窓' 자에는 '마음 심心' 자가 들어가 있다. 집에 난 구멍[穴]은 그 공간에 사는 사람의 마음[心]을 결정짓는 중대한 요소다. 나는 자주 내 방 천장에 붙여둔 야광별들을 보다가 초원의 게르 천장에 뚫렸던 창으로 흐르던 폭죽 연기와 눈 밝은 유목민들에게 유독 환했을 밤하늘을 떠올린다.

家 [가] 집

집을 잃어버린 느낌으로 기분이 자주 침몰한다. 어렸던 학창 시절 책가방을 메고 엄마가 있는 우리집 문을 열던 순간들 이후론, '집으로 잘 돌아왔다는 기분'은 아주 드물게만 찾아왔다. 혼자 사는 방을 여러 번 이사하면서 그곳이 나의 집이라는 감각이 짙어지게 만들어준 건, 수년간 동반한 잡동사니들과 익숙한 책탑이었다. 지금 사는 방에도 고스란히 놓여 있지만, 생활의 농도가 진해져 더 이상 설레지 않게 된 사물들이 되어버렸다. 기력을 잃었으나 익숙한 사물들과 함께 애써 울적해진 기분을 다독이는 공간이 지금의 나에겐 집인 것 같다.

고대 중국에서는 집 안에 돼지를 들여 키웠다. 돼지는 곧 집의 대명사와도 같다고 생각했기에 지붕[宀] 아래 돼지[豕]가 있는 형상으로 집[家]을 나타내는 글자를 만들었다. 집에 돌아왔다는 상징적인 기분이 들게 하는 존재가 옛날 중국인들에게는 가축이었던 것이다. 종종 집이 아닌 곳에서 집에 돌아온 듯한 착각에 빠지곤 한다. 꿈꾸던 창문 풍경이 펼쳐진, 낡은 찻잔이 나무 테이블 위에 놓인, 깨끗이 세탁된 포근한 이불을 덮은. 그런 방에선 내가 사는 방에서보다 더 깊은 잠에 빠진다. 그러다 얼핏 잠에서 깨어나면 돌아와야 하는 집에 알맞게 잘 도착했다는 안도감이 든다. 나에게 있어 집의 상징인 조각들이 선명하고 정갈히 지붕 아래 자리하는, 처음 와본 방에서.

7부
계절의 기분

靄[애] 안개

 봄으로 한참 걸어왔다고 생각했는데 이른 아침 들판의 풀들에는 서리가 내려앉아 있다. 하늘엔 회색빛 구름이 뭉게뭉게 모여 해를 가렸다. 초록 풀 위의 하얀 얼음 알갱이, 해 아래의 구름. 양면의 존재들이 공존하면서 얼리고 녹히고, 숨겨주고 드러내는 현상들. 오늘은 미안해서 미뤄온 메시지를 꼭 보내기로 마음먹었는데. 이런 날씨에는 인기척 하나 없이 안전한 방 안에서 움직이지 않고 고요히 멈춰 있고만 싶다. 날씨는 너무 많은 걸 속수무책으로 결정해버린다. 창문을 닫고 다시 침대 이불 속으로 들어와서 핸드폰 메모장을 열었다. 해야 하는 말을 적어보려고 한다. 열띤 기운에 아지랑이가 피어올랐던 한가운데의 시공간을 빠져나와 모든 게 천천히 식어버린 기분. 요즘의 기분에 딱 맞는 글자를 고르자면 안개를 말하는 '靄' 자일 것 같다. 기척 없이 피어올랐다가 금세 또 흩어져

버리는 안개 같은 시간, 아직 눈에 잘 보이지 않아도 명징하게 감지되는 어떤 기운. 공기에 파도가 일렁이기 전, 공기가 물방울이 되어 살갗에 닿기 전, 벌써 우리에게 도착해 있는 분위기. 우리는 새롭게 형성된 상황 안에 놓였다. 매번 때 이른 용기를 내서 성급한 말을 저질러버렸다고 자책했는데, 사실은 일찍 도착한 기운을 모른 척하지 못한 탓이었다. 내일의 날씨를 예견하는 감각이 나를 구하면서 살아왔음을 위안으로, 오늘의 메모는 여기서 마침표 찍는다.

雨 [우] 비

 엊그제는 문득 여름 소나기가 거세게 내리는 날 쏟아질 낮의 졸음을 가늠해보며 일찌감치 대자리와 인견이불을 주문했다. 그러곤 한바탕 바닥 청소를 하고 대자리 펼칠 공간을 마련해두었다. 빗소리에 파묻힌 어느 여름 한낮 대자리에 누워 인견이불을 덮고 꿀맛 같은 낮잠을 자야지, 생각하면 기분이 좋아진다. 요즘엔 나를 기쁘고 편안하게 하는 게 어느 쪽인지 잘 알아서, 선뜻 그 선택지로 걸음을 돌린다. 힘들고 우울하지 않았으면 좋겠다. 그런 시간은 이미 충분히 겪은 것 같다. 잠깐이라도 막막함 속에 놓이고 싶지 않다. 기분이 너무 먼 슬픔으로 걸어가지 않도록, 그 걸음에 가속력이 붙지 않게, 애써 멈추어 나를 편안하고 시원한 자리로 데려다 앉히고 눕혀야 한다. 나빠지는 속력을 줄이다가 이내 멈추고 평안에 안착하도록 돕는 요소 중 하나가 나에겐 '비'이다. 하고 있던 것이 무엇이든 내려두고 쉬어도 용서받는 기분이 들게 덮어주는 비. 비는 커다랗고 시원한 이불 같다. 마치 오늘 비가 쏟아질 걸 알았던 것처럼, 엊그제 주문한 대자리와 인견이불이 방금 도착했다. 떨어지는 빗소리를 이불처럼 덮고 대자리 깐 바닥에 누워보아야지.

稀[희] 성기다

'성긴 여름'이라는 말이 문득 떠올랐다. 어린 플라타너스의 가지에 드문드문 돋은 연한 잎들. 잎과 잎 사이로 하늘색이 보이는 게 좋았다. 여름에는 좀 성기고 옅어야지, 그래야 바람도 불고 숨도 쉬지, 생각했다. 벼[禾]가 썩지 않도록 모를 듬성듬성[希] 심어 바람이 통하도록 하는 것처럼. 희소稀少한 여름을 보내고 싶다. 가을이나 겨울을 성기게 보내는 것은 쉬웠지만, 여름을 대강 사는 일은 언제나 비교적 어려웠다. 뻘뻘 흐르는 땀방울들 탓에 덩달아 옹졸한 마음이 되곤 하니까. 여름 뙤약볕 아래에선 선선한 날씨에 있을 때보다 심술을 부리게 될 확률이 높다.

찌는 여름에도 잔잔한 평정을 유지하며 살았던 멋진 한 사람을 알고 있다. 자신이 원하는 것을 정확하게 아는 사람은 무언가를 용감하게 버리고 성긴 삶을 선택할 수 있다. 삶의 많은 부분을 등진 채 한여름 숲속 허름한 방에 은일하며 단정히 앉아 시를 지었던 어느 시인에게는, 뚜렷이 꿈꾸는 삶의 형태가 있었다. 그 시인은 '문소文昭(1680~1732년)'라는 청나라 시대의 만주인이다. 그는 벼슬길을 버리고 자연 속 무해한 삶과 시가 완전히 일체를 이루기를 지향했다. 그가 쓴 〈여름날 한가하게 은거하며[夏日閒居]〉라는 긴 시에는 다음과 같은 대목이 수록되어 있다.

"한가한 날 가지런히 묶은 약재는 계단 위에 말려두고 찻잎을 끓여 따뜻하게 우려낸다. 대숲의 바람에 더해 흰 부채 바람 일으키는 와중에, 소나무 흔들리는 박자가 거문고 소리와 잘도 어우러지고. 시원한 대자리 깔아둔 채 고아하게 누워 책 읽는 시간은 이내 낮잠으로 이어진다. 깜박 잠을 자고 일어나니 안마당엔 벽돌 모양 그림자가 지나는 중인데, 우연히 얻어둔 깨끗한 꽃문양 종이 꺼내어 여유롭게 《상학경》을 베껴 적어본다. 우거진 잡초들을 깎고 비가 새는 방을 고친 뒤엔 성긴 격자 창문을 대나무 가지로 보수해야지[藥裹閒階曬, 茶團活火煎. 竹風翻素扇, 松韻合朱絃. 冰簟容高臥, 看書引晝眠. 晝眠纔一覺, 甎影過中庭. 偶得浣花紙, 閒鈔相鶴經. 芟茆修漏室, 削竹補疎櫺]."

녹음이 짙어진 여름, 소박한 집의 좁은 방에 은신하면서 약초를 가지런히 말리고 차를 끓이며 문장을 읽고 쓰는 시인. 이런 장면은 그가 추구했던 텅 비어 있음에서 말미암은 시적 삶을 대변한다. 소박한 정원을 바라보며 대자리 깔고 누워 하얀 부채질을 하다 깜박 낮잠이 드는 여름 오후. 마당의 그림자가 움직이는 걸 가만히 관찰하기도 하고 좋아하는 책을 깨끗한 종이에 옮겨 적기도 하고. 또 어느 날엔 장맛비에 망가진 천장 모퉁이와 격자창을 수선하는 시인의 모습을 그려보면, 희소하게 기쁜 여름 영화가 상영되는 기분이 든다.

濕[습] 물에 젖다

곁에 길고 넓은 강이 흐르는 낮은 마을. 대부분의 여름 아침에 마을은 물안개가 자욱했다. 물방울을 뚫고 헤엄치듯 이른 아침 거리를 자주 걸었다. 끝을 알지 못하고 걷는 기분으로. 피부와 머리카락, 옷과 배낭은 금방 축축해졌다. 물방울들이 달라붙어 젖은 몸으로 오랫동안 걸어도 쨍하게 맑은 곳은 나타나지 않았다. 불쑥 버스에 올라타고는 창밖에 물안개가 보이지 않을 때까지 기다렸다. 그렇게 하릴없이 너무 멀리 가버렸으나 비로소 하차한 종점엔 햇볕이 뜨겁게 빛났다. 여름 태양 아래에서 몸은 습기濕氣를 금방 날려 보냈다. 어딘가를 헤매다가 축축해지더라도, 그렇게 된 내가 마음에 들지 않더라도, 또 나를 어디로 데려가 어떻게 잘 말리고 다음을 살아갈지 끈질기게 궁리해야만 한다. 나의 기분을 내가 결정할 수 있어야 한다.

鬱 [울] 울창하다

　어느 날의 울적鬱寂한 기분은 자칫하면 갇혀서 헤어 나오기 어려운 우울로 빠져버린다. 울적함에는 쓸쓸하지만 고요하다는 뜻의 '寂' 자가 깃들어 숨 쉴 구멍이 있는 기분이다. 울적은 살 만한 기분인 것이다. 때론 그 가라앉은 쓸쓸함과 고요함을 내심 즐기는 것 같다는 생각이 들기도 하고. 반면 우울憂鬱은 속수무책으로 기분을 가둔다. 심신을 꼼짝하지 못하도록 만드는, 빈틈없이 무성한 슬픔의 덩어리. 300 몇 년 전에 어떤 이가 심은 나무들은 주인이 떠난 이후에도 여전히 그 뜰에서 자라 숲이 점점 우거지듯이, 사건이 종료되고서도 꼼짝 없이 뿌리가 깊어지는 어떤 슬픔이 있다. 숲을 빼곡하게 채우고 울창鬱蒼해지는 나무들처럼, 내 생에 한 번 뿌리 내린 슬픔들은 떠나갈 생각 없이 여태껏 나와 함께 밀도가 높아지는 듯하다. 미워할수록 더 팽팽한 우울로 번지는 슬픔들이다. 어떤 날 맥주를 왕창 마셔 취해버리는 것도, 또 어떤 날 땀 뻘뻘 흘리며 달리는 것도, 갑자기 멀리 여행을 떠나버리는 것도, 우울에 지배당하지 않고 빽빽한 나뭇가지들 사이로 어떻게든 엉성한 틈을 만들어보려고 그런 것이다.

요새는 헤어 나오기 어려울 만큼의 우울에는 빠지지 않도록, 각고의 노력을 기울이고 있다. 생활이 너무 빼곡해지려고 할 때 크고 작게 저지르는 일탈 같은 것이 우울에는 가장 효능이 좋은 약이다. 케이크 한 판을 사서 질릴 때까지 먹기, 내키지 않는 일은 못 하겠다고 솔직하게 말하기, 하던 일을 멈추고 한낮의 햇볕에 데워져 포근한 이불 덮고 낮잠 자기, 다툰 친구에게 같이 바다 보러 가자고 전화하기, 눈여겨보기만 했던 가게의 문을 열고 들어가보기, 단골 카페 사장님께 커피가 정말 맛있다고 인사 건네보기. 마음이 작아진 나로서는 쉽게 감행하지 못했던 일들을, 작은 용기를 내서 그냥 저질러보는 것이다. 이렇게 작은 시도를 통해 얻은 뿌듯함이 늪에 빠진 기분을 단숨에 구해내버리는 경험치가 이제는 꽤 쌓였다. 매일 약을 챙겨 먹고 정해진 날 상담 선생님을 만나는 일도 거르지 말아야겠지만, 주체적으로 우울을 가누며 우울과 동행하는 법도 계속 연구해야 한다.

우울한 나도 나니까, 그런 나도 포기하면 안 된다는 걸 이제는 알게 되었다. 그럼 언젠가는 울창한 기분의 숲에서도 압도당하지 않고 스스로 마련해둔 오솔길들을 따라 걸으며, 길을 잃지 않고 잘 살 수도 있으리라 믿는다.

暴 [폭] 햇볕에 말리다

사나운 기세의 더위는 '폭暴'이란 글자가 수식해 폭염暴炎이라 한다. 매서워 보이는 이 글자는 원래 햇볕에 말린다는 뜻으로, '햇볕[日]으로 나가[出] 두 손[廾]을 모아 담은 쌀[米]을 말리다'라는 순한 이야기에서 비롯해 만들어졌다.

시간이 흐르며 인지하지 못하는 사이 처음의 모양새와 마음새를 잊은 채 나쁘게 변해버리는 것들이 세상에는 아주 많다. 마치 바다에 풍덩 빠졌다가 나온 여름날, 젖은 몸을 말리려고 잠깐 햇살 아래 누웠는데 까무룩 잠이 들어 살이 벌겋게 타버리는 것처럼.

立 [입] 멈추어 서다

　입춘立春, 입하立夏, 입추立秋, 입동立冬. 과거의 이날에는 대궐을 비롯한 고을에서 나무를 비벼 불을 피우는 의식을 치렀다. 입춘에는 버드나무 판에 느릅나무로, 입하에는 살구나무 판에 대추나무로, 입추에는 참나무 판에 떡갈나무로, 입동에는 박달나무 판에 홰나무로 구멍을 내어 불씨를 지폈다. 이처럼 네 계절이 시작하는 날들을 '사립四立'이라고 일컬었다. 이때 '立' 자는 갑골문에서 두 팔을 벌린 사람[大]이 땅[一] 위에 멈추어 서 있는 형상인데, 여기에선 새 계절을 세워 시작되는 지점임을 나타낸다. 새로 시작하기 위해 곧게 선 계절에 마침내 불씨가 붙으면 봄, 여름, 가을, 겨울이 저마다의 양상으로 번진다. 입추가 며칠 남지 않았다. 한밤에 문을 열고 나가면 풀벌레 울음이 짙어졌다. 끝나지 않을 것 같던 여름 날씨는 거짓말처럼 색감과 냄새, 소리를 바꾸기 시작했다. 가을이 시작되고 초록이 저마다의 노랑, 주황, 빨강으로 물들어가면 생활의 여러 면면들도 새삼스럽게 좋아질 것이다.

柿 [시] 감나무

　지난해 늦가을에 이사한 동네의 가로수는 감나무다. 사실은 주렁주렁 감들이 달린 감나무에 반해서 이 방을 덜컥 계약했다. 겨울 지나 봄이 되니 나무는 싹을 틔우고 이내 방울방울 감꽃들을 매달았다. '감꽃의 받침은 감 열매의 꼭지 모양이구나' '감꽃의 주황빛은 옅은 감 색깔 같구나' '커다란 감나무는 비슷한 색의 꽃과 열매들로 번지는구나'. 그런 걸 난생처음 이 동네에서 배운다.

　감꽃은 바람에 후두둑 떨어지고, 그 아래에 있다 보면 감꽃들이 땅과 닿는 명징한 소리가 들린다. 꽃이 떨어지는 소리를 들을 수 있다는 사실이 매번 몹시 신비롭게 다가온다. 조선 문인 유장원柳長源 선생은 〈감나무 숲[柿林]〉이라는 시의 주석에, "감나무가 곳곳에 숲을 이루어서 두터운 그늘을 만들어주니 그 아래에서 쉬고 노닐 수 있다[柿木處處成林蔭厚, 可遊憩]"라고 써두었다. 감꽃을 보려고 감나무 아래에서 자주 고개를 들고 서 있었던 올봄과 초여름의 시간이 나에게도 과분히 행복한 휴식이자 계절 놀이였다.

다시 가을이 되었다. 아침 공기에는 벌써 겨울 냄새가 조금 묻어 있다. 여름 내내 단단한 초록으로 맺혀 있던 감들은 이제 완연한 주황이 되었다. 올여름이 유독 뜨겁고 길었기 때문인지 이번 가을 감들은 지난해보다 천천히 주황으로 물들었다. 주황인 채로 너무 오래 매달려 있느라 무른 것은 바닥에 철퍼덕 떨어져 있기도 하고, 또 어떤 감은 새들의 먹잇감이 되고 있다. 방의 창문을 열면 사계절의 감나무를 볼 수 있는 동네, 골목길에서 감나무꽃과 열매를 아무렇지 않게 주울 수 있는 동네에 살아보는 행운을 한껏 누렸다는 사실에 감사하다. 곧 이 동네를 떠난다. 생에 또 감나무와 같이 계절의 기분을 나누어 가질 수 있는 기회는 다시 오지 않을지도 모른다.

霰 [산] 싸라기눈

　빗방울이 갑자기 차가운 공기를 만나 응결하여 떨어지는 구슬 모양의 눈 알갱이. 한자 자전에는 '눈 구슬[雪珠]'이라 적혀 있고, 우리말로는 쌀알 같은 눈을 뜻하여 '싸라기눈'이라 부르는 눈. 구름 한 점 없이 쨍한 여름 창문을 바라보다가 저 풍경 위로 눈이 내렸으면 좋겠다고 생각했다.

　하늘에 천천히 흩어지는[散] 눈. 싸라기눈은 '산霰'이란 글자와 정말로 잘 어울린다. 옷깃에 떨어진 한 송이 눈을 발견하곤 고개를 들어 하늘을 바라보며 천천히 눈을 맞이하는 어느 겨울날의 기쁨을 떠올린다. 이제 막 진입한 여름에, 벌써 눈 내리는 겨울을 기다리는 마음이 되어버렸다.

　메일을 보내놓고 답장을 기다릴 때처럼, 나는 무언가를 기다릴 때 몹시 애타는 마음이 되고. 동동거리며 기다렸던 마음 끝에 당도한 답장은 곱절로 반갑다. 사람들이 다 같이 애타게 기다리는 첫눈, 단 하나의 알갱이로만 내려주어도 유의미한 기쁨이 되는.

凝 [응] 얼어붙다

 어딘가에서 흘러온 물은 이곳의 온도를 이기지 못해 꼼짝없이 얼어붙어 얼음[冫]이 되고야 말았다. 가던 길을 그만두고 이 자리에 정지해 굳어버린 것. 흘러가 흩어지지 않음으로써 과거를 간직하게 되었다. 응고凝固한 결정체는 지나간 시간을 품은 채 여기에 얽매여 통시적이면서도 공시적이다.

 오래전에 쓰인 한시를 번역했는데 '쏟아지는 폭설이 내린 밤, 멀리 있는 그리운 사람을 아무리 떠올려봐도 새벽 얼음만 단단히 얼 뿐'이라고 적혀 있다. 그리움은 얼음 같아서, 말갛게 빛났던 사랑이 보이는 채로 더 이상 나아가지를 못한다. 녹으면 사라질 과거를 안고 있는 얼음은 녹고 싶을까.

 새하얗던 겨울이 다 지나가고 찾아온 봄 햇살에도, 응달진 구석에는 지난겨울에 내린 눈이 아직 얼어붙어 있다. 속절없이 녹아 물이 되어 흘러가다가 결국은 증발하고 말겠지만.

봄이 왔다고 냉큼 녹아내리지 않고 끝까지 버티고 있는 겨울 흔적이다. 세상 곳곳에서 누렸던 겨울 환희들을 최대한 오래 기억하고자 애쓰는 마지막 몸부림.

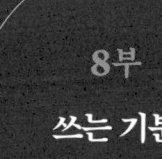

8부

쓰는 기분

煙 [연] 연기

 기분에 낀 연기煙氣를 해소하는 가장 빠르고 손쉬운 방법은 글을 쓰는 것이다. 어디에서 어떻게 응결되어 마침표 찍을지 미상인 글을 일단 시작해 써나가는 것. 소복소복 무참히 쌓여오던 시절의 기분을 노트북의 흰 창, 수첩의 백지에 어떤 모양새로든 끄적여 내려가다 보면 통쾌한 문장이 탁! 하고 떠오르는 때를 반드시 만난다. 어떤 문장은 부채가 되어 자욱했던 기분의 연기를 훨훨 날려주기도 하고, 어떤 문장은 색안경이 되어 매캐한 연기를 산천에 낀 우아한 안개로 둔갑해주기도 한다. 머지않아 연기가 걷히거나 혹은 연기를 잊게 될 순간에 도착해 비로소 후련한 숨을 내쉴 수 있게 되리라 믿기에, 어딘가 갇혀 있는 기분일 때에도 떠오를 미래에 많은 걸 맡겨 둔다. 이것은 내내 유별나게 살아오는 동안 유일한 나의 믿을 구석이었다. 어디로든 더 나은 곳으로 기분을 데려다주는 글쓰기. 글쓰기가 아니었더라면 나는 지금보다 더 엉망으로 살았을 것 같다.

奏 [주] 연주하다

 기분이 매일 아침 다른 게 신기하다. 기분의 굴곡은 오선지 위 음표들의 흐름 같다. 아침에 일어났을 때 가장 먼저 음악을 들어야겠다는 생각이 드는 날은 기분이 좋은 날이다. 오늘은 오스트리아 잘츠부르크의 중고 LP 음반 가게에서 데려온 앨범을 골라 턴테이블에 틀어두었다. 〈야외 연주회Platzkonzert〉라는 제목의 앨범인데, 재킷에 초록빛이 감도는 정원에서 병정 복장으로 각기 다른 관악기를 연주하고 있는 사진이 마음에 들어 선뜻 골랐다. 앨범 가격이 정해져 있지 않아 값을 고민하던 음반 가게 주인은 이 앨범을 내게 그냥 가져가라고 했다. 나는 그때 골라서 사온 몇 장의 다른 음반보다도 이 〈야외 연주회〉를 가장 자주 꺼내 듣는다. 플레이리스트를 확인하지도 않고 LP 안에 어떤 선율과 가사의 음악이 담겨 있는지 모른 채 우연히 집어 데려왔는데, 집에 와서 재생시켜 보니 운명 같은 곡들이 흘러나왔다. 이렇게 순간의 감각이 시키는 대로 선택해 내 방에 오게 된 음반들이 여럿 있다.

〈야외 연주회〉에 수록된 연주곡들은 힘차게 진행되다가 중간쯤 오펜바흐Offenbach의 〈천국과 지옥Orphee Aux Enfers〉이 흘러나온다. 이 곡은 어릴 적 리코더 오케스트라 단원이었을 때 연주했던 곡인데 표지에 플레이리스트가 적혀 있지 않아 앨범 안에 이 곡이 들어 있을 거라곤 예상치 못했다. 나는 〈천국과 지옥〉에서 소프라노와 알토 두 파트를 모두 연주해보았다. 높낮이가 다른 악기들이 동시에 다르고 같은 소리를 냄으로써 조화롭게 흘러가는 협주곡協奏曲. 천국과 지옥의 일렁임만큼 기분의 변덕스런 파도가 불과 하루에도 몇 번이나 나를 휩쓸고 지나간다. 그렇게 매일 아침 다른 기분으로 방문을 열고 나가 매일 같은 골목길을 걷는다. 음표를 따라 연주하는 악기 소리들이 겹쳐 음악이 되듯, 기분의 걸음이 날마다 다르고 같게 걸어서 모인 곳에 내가 지은 책이 놓여 있다. 마지막 페이지에 마침표를 찍기 전까지는 어디를 향해 달려가는지 몰랐던 글이 마침내 책으로 도착하고 나면, 그 순간 그 자리에 반드시 적혀야 했던 글자를 비로소 납득한다. 오선지의 하필 그 위치에 떨어진 음표처럼.

論[논] 논하다

    논문論文이라는 장르의 글, 좋은 논문을 쓰고 싶은 마음이 지난 한 시절의 나를 살렸다. 문학의 언어로 산문을 쓰는 일이 나를 죽지 않도록 도와주었다면, 학술적 언어로 논문을 쓰는 일은 나를 살고 싶게 만들었다. 한동안 주눅 들었던 연구의 마음이 요사이 다시 살아나 논문 앞에서 자주 두근거린다. 연구자가 주장하는 바에 대해 학술적 근거를 제시하면서 논리를 갖추어 설명하는 글. 이런 논문을 쓸 때 나는 다른 사람이 되는 것 같다.

    최근 몇 년간은 청나라 시대에 만들어진 만주어와 한문이 병기된 고문헌을 연구한 논문들을 학술지에 투고해오고 있다. 논문의 연구 대상이 되는 고문헌들은 우리나라를 비롯해 세계 각지의 기관을 통해 모은 것이다. 특히 중국 북경에서 여러 계절을 지내면서 그곳의 도서관과 연구 기관에서 소장하고 있는 경서經書의 만한滿漢 병기본을 비롯해 연구자의 손때가 묻지 않은 각종 귀한 자료들을 복제해올 수 있었다. 독일 베를린 도서관에서는 온라인 이미지로 소장 자료를 독자들에게 제공하는데, 또 한동안은 그 자료들 중 나의 연구 주제와 관련 있는 것들을 목록화하면서 긴 시간을 보냈다. 연구 가치가 있다고 판단되는 자료들은 여러 공간에 산발적으로 현전하고, 연구자는 흩어진 자료들을 그러모아 A4 10쪽 내외의 논문 안에 그 함의를 담는다. 한 달이 걸리기도, 때론 몇 년이 걸리기도 하는 몹시 복잡하고 머리 아픈 이 작업을 하는 동안 나는 현실적인 나를 새카맣게 잊고 연구자로서만 존재한다.

신호등이 초록으로 바뀌길 기다리며 건널목에 서 있는 동안에도, 지루한 회식 자리에 앉아 타인에게서 듣고 싶지 않은 말을 듣는 순간에도, 연구하고 있는 문헌의 어느 페이지를 어떻게 해독해 어떤 논리로 엮어 지금의 논문으로 풀어 논할 수 있을지 생각이 스치면, 단단한 사람이 되는 기분이다.

蕩 [탕] 씻어버리다

　예전에 나는 허탕虛蕩을 쳤다는 생각을 견디지 못하는 사람이었다. 휩쓸려 씻겨가버린 시간을 속상해하며, 살아낸 시간 끝에 무언가를 생산해야 만족했던 사람. 연구자로 살게 된 이후론 당장 좀 울적한 채로 소득 없이 보내는 시간을 예전보다 잘 견디게 되었다. 한 편의 논문을 다 쓰기까지 허탕 치는 시간을 다 합치면 얼마나 될까. 인터넷에 올라온 디지털 이미지를 뒤로 한 채 굳이 먼 소장 기관에 찾아가 고서古書 원본을 만져보고, 논문에 어느 부분을 인용해 쓸지 몰라 한자로 빼곡한 책 한 권을 전부 옮겨 적어 더듬어 번역하는 것처럼. 가시적 이익 없이 수고로운 일들을 기꺼이 애써서 한다.

　내가 하는 공부와 연구의 세계에선 시간을 소모해도 만져지는 결과물이 단숨에 생기질 않는다. 그럼에도 잠들기 전까지 종일 책상 앞에 앉아 열렬히 옛 문헌들과 씨름한다. 캄캄한 방을 더듬다가 마침내 스위치를 찾아 한순간 불이 켜지는 것처럼 어느 지점에서 과거의 실마리를 발견하고 나면 허탕인 줄 알았던 지난 시간은 비로소 의미를 부여받기도 한다. 그런 시간이 진짜 허탕으로 판명 날 때도 있지만. 정답으로 가기 위해서는 반드시 잘못된 길로도 가보아야 한다.

    예전과 다르게 이제는 허탕을 치고도 호탕浩蕩하게 웃어버리는 사람에 가까워졌다. 이렇게 된 내가 좀 마음에 든다.

獺 [달] 수달

　달제獺祭, 즉 '수달의 제사'라는 말이 있다. 수달은 물고기를 잡으면 단번에 먹지 않고 줄지어 늘어놓은 뒤 하나씩 먹는데, 그 광경이 마치 제수를 진열한 채 제사를 지내는 모습 같다는 데에서 유래한 표현이다. 《예기禮記》에 수록된 '달제'는 시나 문장을 지을 때 책상 좌우로 참고서들을 여럿 펼친 모양새를 형용할 때 자주 쓰였다. 시문집을 짓는 문인들은 줄곧, 글을 쓸 땐 수달의 제사처럼 여러 책을 펼치고 참고한다는 말을 했다. 선배 문인 학자들이 남긴 전고典故를 상고하면서 고심 끝에 자신의 시와 문장을 지었던 것이다. 그들은 자신이 적은 좋은 문장이 오로지 나만의 기발한 생각, 나만의 특출한 능력으로부터 나왔다고 여기지 않았다.

　연구 생활을 하다 보면 이따금 아직 어떤 연구자도 선행하여 손댄 적 없는 문헌이나 주제를 만나 심장이 뛰곤 한다.

내가 처음으로 만지는 듯한 고문서, 최초로 그것을 연구해 논문으로 쓰고 싶다는 설렘 같은 게 밀려와서다. 그런데 공부하며 사는 시간이 해를 거듭할수록, 그런 생각이 몹시 오만하다는 걸 알게 됐다. 그것이 100년 전이든 1000년 전이든 그보다 더 옛날이든, 선배 문인 학자가 수달의 제사를 지내는 심정으로 또 그보다 앞선 선배의 글을 곁에 두고 신중히 지었을 시문. 그리고 그 고문서를 나보다 먼저 만져보고 서지사항을 기록해두고 도서관 고서실 서가에 고이 정리했을 사서 선생님. 전례 없이 새롭다고 착각하기 십상인 발견도 모두 맨땅에서 비롯한 것이 아니다.

淸 [청] 맑다

 머리가 맑은 기분이 얼마 만인지 모르겠다. 개운한 상태에서 쓰는 글이 귀하다는 걸 알기에 수첩과 노트북을 챙겨 기쁜 마음으로 근처 카페에 나왔다. 오래된 정원 곁에 놓인 카페이다.

 구름 한 점 없이 맑은 날, 정원을 걷는 사람들을 보고 싶어 야외 테이블에 앉았다. 경쾌한 분홍빛 잔에 담긴 에스프레소와 투명한 유리컵에 담긴 물을 번갈아 마시며 떠오르는 생각을 천천히 수첩에 끄적인다. 고개를 들어 시선을 정원 쪽으로 돌리면, 자전거를 타고 초록 언덕 앞을 지나는 사람들이 보인다. 바람이 불면 컵 안에서 물의 표면은 잔잔히 일렁이고, 유리컵을 향해 비춘 강렬한 햇볕이 만들어낸 무지갯빛 그림자가 테이블 위에서 잠깐씩 반짝인다. 가끔 찾아오는 이런 청명淸明한 시간에는 탐욕이 깃들어 있지 않다. 맑게 깨어 있다는 기분만으로도 충분히 기쁘기에, 지금 살아 숨 쉬는 일 말고는 바라는 게 하나도 떠오르지 않는 것이다.

多 [다] 많다

학창 시절부터 지금껏 종이에 많다는 의미를 적어야 할 때 '多'라고 쓰곤 한다. '붐비는 사람들' 대신 '사람 多' '빼곡한 나무들' 대신 '나무 多'와 같이. '夕'을 위아래로 두 번 적으면서, 여러 번의 저녁 시간이 끝도 없이 자꾸 되돌아오듯이 연이어지는 삶의 지난한 시간이 담긴 글자라고 생각하는 게 좋다. 반면 명망 있는 옛 학자들은 '夕'이 고깃덩어리의 형상이라고 해석했다. 제사를 지내기 위해 켜켜이 쌓아 올려둔 고깃덩어리들처럼 무언가 중첩되어 풍성한 상태를 표현하는 글자라고 본 것이다. 아주 먼 기원전 세상에서부터 지금까지 '夕'이 겹친 '多'는 부족함이 없는 어떤 명사들을 수식하기 위해 쓰여왔다. 무언가가 많다는 걸 말하기 위해 '多'라고 적었던 기나긴 역사를 떠올리면, 지금 우리가 아무렇지 않게 [다]라고 발음하는 우리말 속의 '多'들이 새삼스럽다. 마음이 겹친 다정多情, 행운이 겹친 다행多幸, 모양이 겹친 다양多樣처럼 두 겹의 '夕'이 붙어 넓고 깊은 뜻을 구축한 단어들.

내 이름에 하필 '多'가 들어가는 것을 신기하게 여기는 사람들이 종종 있다. [다]라는 발음으로 이름에 흔히 쓰는 다른 한자들도 많기 때문이다. 사실은 나 역시도 내 이름에 '多'가 들어가 있는 것이 야속할 때가 자주 있었다. 내 이름이 너무 무겁다고 자주 생각했다. 글을 쓰기 시작한 것도 이름의 무거움을 좀 덜어내고 싶어서였던 것 같다. 너무 많은 말을 하고 나면 마음이 무거워지지만, 아주 많은 단어를 사용해서 몹시 긴 글을 쓰고 나면 마음이 홀가분해진다. 많아서 더 무거워지는 게 아니라 많아서 가벼운 기분이 들게 해주는 일들이 세상에는 존재한다.

責 [책] 꾸짖다

　조선의 학자 정종로鄭宗魯(1738~1816년) 선생은 〈자책自責〉이라는 글에서, "다섯 혹은 일곱 글자를 모아 길고 짧게 읊는다고 하여 품었던 생각이 시詩가 될 수 있는가? 하나 혹은 두 구절을 이어 붙여 동쪽에서 가져오고 서쪽에서 다듬는다고 해서 겨우 만든 그 말이 문文이 될 수 있는가?[集五字七字, 長歌短詠, 惟其所思, 曾是以爲詩乎? 累一句二句, 東撈西抹, 僅遂其言, 曾是以爲文乎?]"라고 했다. 그리고 이어서, 시와 문에 능하지 못한 것은 부끄러울 일이 아니라 할지라도, 학문과 도道의 수양에 있어 알맹이가 없는 것은 큰 죄라고 말했다. '자책'이라는 제목에서 알 수 있듯 이러한 책망이 향하는 곳은 정종로 선생 자신이었다. 그는 공부가 엉성함에도 불구하고 사람들이 학문에 뜻을 둔 문장가로 자신을 호명한다며 한탄한 바 있다. 글쓰기와 학문에 임하며 꾸짖게 되는 대상은 다름 아닌 자기 자신이다. 아니면 반대로, 자신을 잘 꾸짖는 사람들이 글을 쓰고 학문하게 되는 건지도 모르겠다.

字 [자] 문자

땅에서 풀이 돋아나고, 풀 사이로 해와 달이 뜨고 지며, 그 안에서 살아가는 사람들의 움직임과 서사를 본떠 만든 상형문자象形文字. 한자의 원류인 이 문자는 갑골문자甲骨文字다. 이는 중국에서 발견된 가장 이른 시기의 문자 체계로, 1899년 은허殷墟 지역에서 수만 개의 갑골문자가 발굴되었다. 당시에 출토된 거북의 배딱지[龜甲]나 동물의 뼈[獸骨]에는 상商나라(BC1600~BC1046년경)의 날씨, 농사, 제사, 질병, 수렵, 전쟁 등에 대한 이야기가 새겨 있었다.

고대인들은 거북의 배딱지에 구멍을 내어 막대를 꽂아두고 열을 가해, 단단한 배딱지가 갈라지는 소리와 모양새로 점占을 쳤다. 그 점괘의 내용을 거북의 배딱지 혹은 동물의 뼈에 문자로 기록해둔 것이다. 무의식중에 우리의 입에서 내뱉어지는 어떤 말의 뿌리는 기원전 1600년 세상에 존재했던 거북의 배딱지에 각인되어 있는지도 모른다.

Ψ 生 $\overset{\Psi}{\eta}$ 朝 $\langle \mathsf{b}$ 名

銘 [명] 새기다

　어떤 글자나 생각이 지워지지 않길 바라며 쓸 때 '새긴다'고 말한다. 마음 깊이 간직해 쉽게 잊지 말아야 한다고 믿는 신념 같은 걸 옛 학자들은 자주 사용하는 물건에 글자로 새겨두었다. 한 귀퉁이에 조그맣고 선명하게 새겨둔 어떤 글자는, 공부하고 글 쓰는 사람이 자신을 지키기 위해 맹세한 선언 같은 것이었을 테다. 이처럼 선비들이 각종 기명器皿에 새긴 글을 명문銘文이라 부른다. 물건 하나도 허투루 다루지 않은 살뜰한 태도, 자주 만지는 세간에 적어두고 정신을 곧추려 애쓴 노력이 담긴 글의 형식이다.

　'좋은 벗이 선물해준 그 독실한 뜻을 잊지 말아야겠다[良友贈 篤不忘]'고 새긴 필통, '팔꿈치가 떠나질 않도록 공들이며 여러 해를 보냈다[肘不離此 功以歲計]'고 새긴 책상, '형체는 투박해도 간직하기에는 단단하다[鈍爲體 藏之密]'고 새긴 벼루갑,

'손에 잡힌 달과 소매를 가득 채운 바람[月在手 風滿袖]'이라 새긴 부채. 조선의 여성 성리학자 강정일당姜靜一堂(1772~1832년) 선생이 읽고 쓰던 자리 둘레의 사물에 새긴 명銘들이다. 줄곧 남편을 뒷바라지하고 집안 살림을 일구다가 서른에 공부를 시작했다는 학자 강정일당. 녹록지 않았을 상황을 무릅쓰고 그가 책상 앞으로 돌아와 벼루갑에서 벼루를 꺼내어 고요히 먹을 가는 장면, 필통에 담겼던 붓으로 단정히 글을 써 내려가다가 잠깐 곁의 부채로 바람을 일으키는 어느 여름 해 질 녘의 시간이 그려진다. 아주 오래전 선배 학자가 하고 싶은 공부를 굳건히 해내고자 새겨뒀던 결연함은 여태껏 잊히지 않아, 후배 학자를 자꾸 일으켜 다시 책상 앞으로 데려다 앉힌다.

책상에 앉은 나의 공부 시간을 지켜주는 몇몇 물건에도 이름을 지어주고 문장을 새겨두었다. 선인들의 방식을 따라서, 나를 아껴주는 친구들이 선물해준 단단하고 맑은 문구들의 뒷면이나 측면에 우리가 나눈 귀한 마음을 각인한 것이다. 예를 들어, 공부하고 글 쓰는 일 앞에서 맑은 성정을 흩트리지 않길 바라며 친구가 나에게 건넨 투명하고 둥근 문진 아래에는 '내 마음을 알아주는 친구[知音]를 만나서, 가누기 어려울 만큼의 기쁨을 느낀다[遇知音 不勝歡]'고 여섯 글자의 한자를 써

놓았다. 그 문진을 나에게 선물해준 벗에겐 말하지 않은 '銘'이지만, 이미 그는 다 알고 있을 것이다.

9부

옮기는 기분

層[층] 층

둘 이상의 언어를 구사하며 살았던 옛날 사람들에게 더 각별한 애정을 쏟게 된다. 조상의 언어와 자신이 태어난 사회의 언어가 달라서, 그 두 언어를 동시에 체화하며 성장하는 삶. 그런 사람이 쓴 문학에는 여러 층의 계단이 지어진다는 상상을 한다. 하나의 사물을 언어로 형상화할 때 모양과 발음이 다른 두 언어를 떠올리는 시인은, 두 겹의 세계관을 간직한 시를 지으리라. 한문학을 공부하다가 청나라에 살았던 만주족의 문학으로 마음이 번진 것 역시 이러한 상상에서 말미암았다. 말을 타고 활을 쏘아 사냥을 잘했던 기개 넘치는 사람들, 모국어가 만주어인 사람들, 그러나 한문을 익혀 한인들과 어우러져 살았던 사람들. 그래서 들판을 뛰노는 말을 생각하면 한자 '馬[mǎ]'와 만주 문자 'ᠮᠣᡵᡳᠨ[morin]'을 동시에 머금었을 사람들.

그들이 만주어를 품고 한문으로 쓴 시들을 번역하고 있

다. 모두 번역하려면 몇 년이 걸릴지 모를 만큼 두꺼운, 현대 연구자의 손때가 묻지 않은 귀한 시집이 하필 나에 의해 발견되었다. 그동안 우리나라 연구자들은 만주인이 남기고 간 시집에 큰 관심을 두지 않았다. 시와 어울리지 않는 사람들이라 여기기 때문일 수도 있다. 청나라 당대에도 모국어가 한문이면서 한문으로 시를 썼던 사람들은, 만주인이 쓰는 한시를 경외시하는 경향이 있었다. 당시 문단에서도 평가절하되던 만주인의 한시들을 매일 어루만지며 나는 자주 감격에 겨워 숨을 고른다. 시간이 얼마나 걸리더라도 생전에 어떻게든 그들이 남긴 시집을 번역하고 이중언어의 시 세계를 연구해 세상에 알리는 것이, 연구자의 삶을 택한 나에게 주어진 커다란 소명일 것만 같다. 어렵지만 매일 한 층씩, 그들이 지어둔 시의 계단을 천천히 오르고 있다.

運 [운] 옮기다

　이 언어로 쓰인 글을 다른 언어로 번역하는 일을 '옮기다'라고 표현하기도 한다. 여기에 있던 사물을 저기로 가져다두는 것도, 이 사람의 말을 저 사람에게로 퍼뜨리는 것도, 다 옮긴다고 말한다. 옮긴다는 말에는 움직임과 변화가 내포되어 있다. 이때 옮겨짐을 받는 대상, 번역을 당하는 텍스트에겐 커다란 힘이 없다. 옮김을 행하는 주체, 번역을 행하는 번역자가 텍스트의 운명運命을 쥐고 있다. 자신의 힘과 무관하게 정해져 버린 '運' 안에는 움직인다는 의미를 나타내는 '辶' 자가 들어 있다. 쉬지 않고 순환하는 하늘과 땅의 움직임이 곧 '運'이며 그 안에서 살아가는 인간은 천지 운행에 따른 길흉화복吉凶禍福에 영향을 받는다는 논리다.

　현대어로 옮겨야 하는 빼곡한 한문漢文이 책상 위에 놓여 있다. 제대로 옮겨 과거를 온전히 복원할 가능성도, 왜곡해 와

전訛傳될 가능성도 동시에 품은 글. 대화할 수 없는 과거인이 이 글에 적어둔 진심을 이해할지 오해할지는 번역하고 연구하는 나의 손에 달렸다.

人 [인] 사람

　꿈에서만 가는 학회學會가 있다. 매번 같은 공간에 같은 사람들이 초청되는 이름 모를 학회. 지난 새벽 꿈에서도 나는 또 그 학회장의 문을 열고 들어갔다가, 학회의 1부가 끝나고 몰래 그곳을 빠져나오며 잠에서 깼다. 나오기 전엔 고대 기물器物에 새겨진 한자를 연구하는 중국인 학자와 대화를 나누었다. 내 또래의 여성 학자. 우리는 꿈에서 서슴없이 서로의 관심 분야에 대해 열띤 말들을 쏟아냈다. 각자 가진 종이를 꺼내어 자신이 연구하고 있는 주제에 대한 한자를 적어 가면서. 꿈 바깥에서 적어본 적 없는 한자, 현실 세계에선 해본 적 없는 연구, 그리고 만난 적 없는 얼굴. 나는 누구이고 그는 누구일까. 공부하며 살다 보니 꿈에서 처음 만난 사람, 꿈에서만 만날 수 있는 사람.

問 [문] 묻다

　불 꺼진 과거를 더듬어 탐구하는 연구자를 움직이는 동력은 아득한 과거 쪽으로 던지는 질문들의 타래이다. 만주 문자와 한자가 나란히 적힌 이 오래된 책은 왜 1737년에 만들어졌을까? 목판木板에 한 글자씩 새겨 종이에 찍어낸 책을 손수 다시 베껴 적어 끈으로 묶어둔 사람은 어디에 사는 누구였을까? '經'이라는 한자를 왜 ᠨᠣᠮᡠᠨ[nomun]이 아니라 ᡤᡳᠩ[ging]이라는 만주어로 번역했을까? 아마도 선교사였을 누군가는 어디에서 어떻게 이 책을 구해서 한자 '月'과 만주어 ᠪᡳᠶᠠ[biya] 아래에 라틴어 'luna'를 적어두었을까?

　어려운 제목을 걸어둔 채 연구할 때면 해답이 떠오르는 순간보다 질문이 떠오르는 순간에 더 큰 희열을 느낀다. 과거를 살았던 사람들이 웅성거리는 목소리[口]가 있는 곳. 그곳으로 가는 출입문[門]이 열리는 기분. 질문들이 남겨주는 발자국을 따라 발아래를 밝혀 더듬더듬 걸으며 여러 문들을 여닫고 더 먼 과거로 거슬러 올라간다. 그곳에서 나는 지금의 우리와 닮았으나 다른 문자를 쓰고 있는 과거의 사람들을 만난다. 나는 그들에게 궁금했던 것을 실컷 묻는다. 질문들을 쏟아내고 나면 그들로부터 물어봐주어 고맙다는 대답이 들려온다.

愛 [애] 사랑

나의 사랑은 나의 마음[心] 속에 존재하는 것. 마찬가지로 너의 사랑은 너의 마음속에 존재하는 것이고. 그러니 누군가가 나를 얼마나 아끼고 사랑하는지, 알 방법은 마음을 꺼내어 드러낸 그 사람의 표현을 통해서뿐이다. 아무런 인기척 없는 사랑을 나는 알 도리가 없다. 그것이 음성 언어이든, 무언의 눈빛이나 행동이든 간에 나에게 닿도록 하려는 노력 없이 사랑은 형체를 알아볼 수 없다. 그 사람을 생각하며 샀지만 망설이다가 끝내 건네지 못하고 한여름 태양 아래 다 녹아내려 버린 아이스크림처럼. 드러내놓지 않으면 영원히 번역되지 못한 채로 마음 안에서 희석되고 말, 어떤 사랑. 세상에는 그런 사랑, 그런 글이 더 많을 것이다. 번역되지 못한 사랑들은 마음 곳곳에서 어긋난 채로도 하염없는 시간만 흘려보내고 있겠지.

晶 [정] 밝다

 별 세 개가 모여서 빛을 내는 모양의 글자. 하늘에 무리 지어 뜬 별처럼 '晶'은 몹시 밝고 환한 무언가를 나타내며, '크리스탈'이라 부르는 수정水晶을 의미하는 글자로도 쓰인다. 조선의 유득공柳得恭(1748~1807년) 선생이 남긴 저서 《고운당필기古芸堂筆記》에는 1029년에 수정이 경북 문경에서 발견되었던 일이 적혀 있다. 또 조선 후기 학자 이유원李裕元(1814~1888년) 선생은 《임하필기林下筆記》에 오랜 세월 동안 얼음이 묵어 수정이 되었다는 항간의 설은 잘못된 것임을 밝히는 근거들을 써두었다. '晶'은 별처럼 환하게 아름다워 발견되는 것만으로도 사건이 되었던, 별의 눈부심처럼 몹시 맑게 빛나기에 혹시 새하얀 얼음이 아니었는지 의심되는 보석이었던 것이다.

 기원전 갑골문을 사용했던 세상에서는 촘촘히 뜬 별들의 무리를 옮긴 표식이었다가, 별처럼 환한 결정체結晶體를 발견한 과거 어느 날부터는 그 보석을 형용하게 된 '晶'이라는 글자. 이렇게나 유서가 깊어 더 환하고 밝아진 듯한 '晶'의 기나긴 내력이다. 이 작은 글자 하나에 밤하늘의 드넓음, 별들의 총명함, 보석의 진귀함, 그리고 그 아름다움들을 마주한 인간의 기쁨이 다 담겨 있다. 역사가 깊은 한자 한 글자만을 골똘히 궁구하다 보면 마치 긴 시詩를 감상하는 기분이 드는 건 이런 이유에서다.

古 [고] 옛날

　　여러[十] 사람들의 입[口]을 통해 오랜 세월 동안 전해져온 세계. 지나갔지만 잊히지 않고 사람들의 입을 징검돌 삼아 여기까지 건너온 옛날[古]. 기원전의 시간을 살았던 사람이 자신의 문자로 남긴 이야기가 우리에게까지 닿아 있다. 입을 통해 전해지다가 글에 얹힌 옛날의 명맥은 몹시 길다. 수천 년 전 사람들에 의해 읽히고, 수백 년 전 학자들이 연구한 끝에 지금 나의 책상 위에 놓인 고전古典. 한자로 쓰이고 읽힌 이 고문古文이 거쳐왔을 다양한 입들과 손길들을 헤아리다 보면 이내 까마득해진다. 최초의 발화자에 의해 언젠가 세상에 나와 최초의 작성자에 의해 어느 날 쓰인 이래로, 손꼽을 수 없는 사람들에 의해 번역되고 풀이된 고전의 문장이 다시금 책상 위에서 내 언어로 해독을 기다리며 고요히 살아 숨을 내쉬고 있다. 또 다음의 독자, 번역자, 연구자에게로 건너갈 준비를 하면서.

集[집] 모이다

고려시대 최치원崔致遠(857~?년) 선생의 글을 모아둔《고운집孤雲集》, 조선시대 박제가朴齊家(1750~1805년) 선생의 글을 모은《정유각집貞蕤閣集》처럼 옛 문인과 학자들이 남긴 책의 제목 끝에는 대체로 '集' 자가 붙어 있다. 이런 책들에는 시와 산문뿐 아니라 생전에 작가가 남긴 다양한 종류의 조각 글들이 수록되어 있다. 벗이 출간한 책을 추천하는 서문序文, 어떤 인물을 기리며 찬미하는 찬贊, 귀하게 간직한 기물에 새긴 명銘, 그리운 이에게 보낸 편지글인 찰札, 그림 곁에 적는 제화시題畫詩 등 한 작가가 쓴 여러 장르의 글을 모두 모아두었다. 작가 한 사람이 쓴 여러 문체文體의 글이 어우러진 문집을 번역하다가, 이런 책의 제목에 '集' 자를 쓰는 것이 몹시 어울린다고 생각했다. '集' 자는 새[隹]들이 나무[木] 위에 옹기종기 모여 앉은 모습을 본떠서 만들어진 글자이다. 그러니 장르·주제·창작 시기가 각양각색인 작가의 글이 한데 새겨진 모양새는, 마치 새들이 하나의 나무 위에 모여 저마다의 음조로 지저귀는 합창곡과도 같아 보인 것이다.

貝 [패] 조개

 오키나와의 관광객들은 잘 찾지 않는 말갛고 조용한 해변 모래사장에 몇 시간을 혼자 앉아 있었다. 가깝고 먼 바다를 보다가, 또 앉은 둘레의 깨끗한 모래에 유독 많이 섞여 있는 조개껍데기를 관찰하기도 하면서. 파도가 여기로 옮겨두었을, 문양과 색깔이 다 다른 조개껍데기들은 알알이 빛나는 저마다의 문자 같다고 생각했다. 서로 다른 모양과 빛깔을 가진 조개껍데기들은 각기 다른 말을 하는 것처럼 보였다. 그중에 하나를 골라서 좋아하는 사람에게 건네면, 내가 말 못한 사랑이 온전히 다 전해질지도 모른다.

 고대인은 희귀한 조개껍데기를 모아 화폐로 썼다던데. 바다가 품었던 이 반짝이는 조개껍데기를 '우리 이제부터 물건을 교환할 때 화폐로 삼자'고 약속한 사람들이 있었던 것이다. 마치 어느 날부터 이 문자들로 우리의 말과 글로 쓰자고 약속하는 것처럼 말이다. 주머니에 크고 작은 조개껍데기들을 지니고 다니다가 꼭 필요하여 맞바꾼 귀한 물건들만 아끼며 보듬고 살았던 삶은 어땠을까. 이 언어를 다른 언어로 옮겨 번역하듯이, 조개라는 세계가 옮겨다 준 물건들로 채워진 누군가의 방을 떠올려보았다. 조개껍데기들로 눈부신 오키나와 해변에 앉아서.

毫 [호] 가느다란 털

중국 북송北宋 시대의 문인 소식蘇軾(1036~1101년) 선생은 〈전적벽부前赤壁賦〉에서, "하늘과 땅 사이의 사물들에는 저마다 주인이 있으니, 만약 나의 소유가 아니라면 털끝 하나도 취하지 말아야 한다[且夫天地之間, 物各有主, 苟非吾之所有, 雖一毫而莫取]"라고 했다. 또한 남송 시대의 유학자 주희(1130~1200년)의 〈경재잠敬齋箴〉에는 "털끝만큼이라도 어긋남이 있으면 하늘과 땅의 자리가 뒤바뀔 수 있다[毫釐有差, 天壤易處]"라는 말이 수록되어 있다. 이렇게 옛사람들은 털끝 하나의 감각을 빌려 결연한 의지를 표현하곤 했다.

고문헌을 번역할 때 자주 이 '毫'라는 글자를 마음에 새긴다. 소리 내어 말하지 못하는 먼 과거의 작가가 쓴 글 앞에서는 각별한 예의가 필요하다. 옛 문인이 자신을 대변할 수단으로 남기고 간 건 글뿐이고, 내가 그의 마음을 해독해 번역하거나 논문을 쓸 때 지킬 수 있는 최선의 예의는 가느다란 털끝 하나만큼도 내 마음대로 그의 글을 오해하지 않으려 노력하는 것이다. 내가 쓴 글이 아니니 침묵하는 과거라고 해서 조금이라도 내 마음 편한 대로 여기에 옮겨와서는 안 된다. 아주 작은 오독으로 인해 과거의 어느 시간, 누군가의 삶이 완전히 뒤바뀌지 않도록 고전 번역자는 각고의 노력을 기울여야만 한다.

오독을 줄이는 방법 하나는 나의 기분을 지우는 것. 그래서 내 기분의 털끝 하나도 누군가의 글에 섞여 들어가지 않도록 경계하는 것이다. 이런 태도를 단단히 지니고 난 뒤 독해하기 어려운 한문을 천천히 옮겨가다 보면 좋고 나빴던 내 기분이 정말로 잊힌다. 그렇게 점점 내가 아닌 사람, 여기 아닌 공간, 지금 아닌 시간 속으로 완전히 빠져들어간다. 나의 기분은 조금도 번지지 않게 하되, 번역하는 대상으로 삼은 글과 사람의 기분은 완전히 나에게로 옮아 오도록 하는 것이 좋은 고전 번역자의 태도라고 생각한다.

10부

읽는 기분

前 [전] 앞

 출처를 알고, 또 모르는 책들이 '앞'에 놓여 있다. 나에게 '앞'이라는 말의 감각은 미래가 아니라 과거에서 발원한다. 공간적·시간적 '앞'이 모두 그렇다. 시간이 살았던 공간, 공간을 데려온 시간이 다 허물어지고 나서도 사리舍利[śarīra]처럼 단 하나로 응축되어 여전如前한 것. 너무 오래된 책들은 물성物性이 낡았을지라도 고고하다. 세월과 무관히 지켜온 단단함을 품고 있기 때문이다. '앞'의 세계에서 누군가 만든 책들. 어느 낡은 책에는 1703년의 북경의 어느 서점에서 판각한 목판본이며 1801년 중국 형주荊州에 살았던 아무개가 직접 옮겨쓴 필사본이라는 오래된 말들이 적혀 있다. 2025년 한국에서도 여전할 줄 모르고 새겼을 말들. 그 말들이 나를 데려가는 쪽은 앞을 모르는 미래가 아니라 변치 않고 여전한 앞쪽이다.

 앞을 모르고 살 때는 텅 빈 기분을 가누지 못했다. 지나온 것에 한 톨 미련도 없이 갑자기 변해버리는 세상에서, 덩달아 몹시 변덕스러운 내가 싫었다. 와중渦中에 출처를 알고 또 모르는 책들이 데려다준 세계가 나를 여전하게 지켰다. 그 '지킴'은 세상에 변함없는 무언가가 존재한다는 걸 확인시켜주는 일에서 말미암은 것이다. 과거는 더 이상 움직이지 않고 멈추어 있는 세계. 그 세계의 한 시절을 대변하는 문장에는 지금의 나도 무엇인지 잘 아는 마음이 묻어 있다. 어떤 과거인1은 민족의 언어를 지키고자 단 한 권뿐인 사전을 만들었고, 어떤 과거인2는 기억하고 싶은 삶의 신변잡기를 그러모아 두었으며, 과거인3이 지었던 습작들은 그가 떠난 뒤 과거인4가 엮어 책이 되었다. 당시의 방식대로 여전히 번잡하고 변덕스러웠을 세상이었을 테지만, 그곳에서 책으로 압축해 담아둔 것은 이처럼 연하지만 귀한 마음들. 내가 있는 먼 미래에까지 당도해서도 지나온 앞의 과거와 똑같은 울림을 전하는 보편적인 사랑과 고마움, 웃음과 눈물들.

螢 [형] 반딧불

옛날 사람들은 세상이 어두워지고 나면 식물에서 추출한 기름을 등잔에 담아 불을 붙였다. 글을 밝힐 기름 살 형편이 안 되는 가난한 사람이 있었다. 그 사람은 늦도록 학문에 몰두하기 위해 밤빛이 필요했다. 궁리 끝에 반딧불을 모았고, 모은 반딧불을 주머니에 넣어 글을 비추며 읽었다. 중국 진나라 사람이었던 차윤車胤(330~400년)의 이야기이다. 공부하는 책상을 '형안螢案'이라 부르고, 공부하는 방의 창문을 '형창螢窓'이라 일컫게 된 것은 모두 이 차윤이라는 사람의 책을 밝혔던 반딧불에서 비롯했다. 한 낱의 불빛이 만든 형안과 형창은 어떤 이가 햇볕 아래에선 모르는 채로 살았던 우주로 그를 데려다주기도 한다. 나의 지난 책상들을 밝혀주었던 등불들도 역시 그랬다. 둥근 모양의 빛을 쏟아냈던 파란색 스탠드등이 만들어준 형안이 있고, 달빛도 별빛도 잘 들어오는 형창이 있었던 지난 방에서 나는 여러 글을 읽고 지었다. 형창 곁의 형안에서 글을 읽고 쓰는 작가와 학자 들은 모두 공감할 밤빛 애착.

미 [회] 돌다

학교 도서관에서 빌린 오래된 한문학 연구서의 간행연도는 1989년이다. 책을 넘겨 보다가 표지 이면에 붙은 대출 기록지를 발견했다. 대출 기록지 상단에는 '돌릴 날'이라 적혀 있다. 그 아래엔 '돌릴 날, 성명, 학과, 학번'을 적는 란과 '책의 표제, 작자, 등록번호'가 적힌 대출 카드와 카드를 담는 봉투도 있다. 봉투 겉면엔 "책을 깨끗이 보시오. 기한 안에 꼭 반납하시오. 책을 빌릴 때 책에 흠이 있을 경우에는 계원의 확인을 받으시오"라는 귀여운 선언들이 적혀 있다. 돌려줄 날도, 돌려받을 날도 아니라 돌릴 날이라니.

돌리고 돌리다 결국 나에게 닿은 책이 신기하고 귀할 따름이다. 내가 아주 어렸던 어느 날 누군가는 학교 도서관에서 이 책을 대출했을 테고, 사서 선생님은 대출 기록지에 돌릴 날이 언제인지 빨간색 도장을 찍어주었을 테지. 1990년 6월

28일·1991년 6월 29일·1992년 4월 17일·1995년 9월 29일·1996년 12월 12일. 징검다리의 돌들을 건너 2025년 6월의 나에게로 책이 왔다. 회오리를 상형한 '돌아올 회回' 자가 떠올랐다. 어떤 인연은 몇 바퀴를 돌고 돌다가도 결국 닿아야 하는 자리로 돌아와 앉는다. 뽀얗게 먼지 쌓인 책을 도서관에서 빌려 품고 다니며 이 책은 나에게로 닿을 운명이었나 보다, 생각하면서 기분이 흥기되었다.

    책을 지었던 학자의 문제의식과 그의 공부 마음이 선배들에 의해 돌려지고 돌려져서, 지금 나의 공부 마음에도 일말의 영향을 끼쳤다고 생각한다. 내가 지닌 물음표들, 알고 싶고 공부하고 싶은 세계, 하고 싶은 말과 쓰고 싶은 글들에도 뿌리가 있다는 사실을 깨달을 때 안심이 된다. 내가 하는 공부와 글도 돌려지고 돌려져 나중에 어느 날 누군가 안심하고 마음껏 애틋한 물음표를 던지는 데 도움을 줄 수 있다면, 그것은 내가 돌려받은 것을 돌려주는 가장 멋진 형태일 것이다.

蝕 [식] 좀먹다

    고문헌에는 크고 작은 구멍들이 나 있곤 한다. 좀이 책을 갉아 먹은 흔적이다. 달이 태양을 삼키는 일식 日蝕과 지구 그림자가 달을 삼키는 월식 月蝕처럼, 글자를 삼켜 검은 구멍을 낸 벌레들. 좀은 해나 달과 같이 삼켰던 글자를 다시 내뱉지 않기에 수백 년 뒤의 오늘도 구멍들은 미궁으로 남아 있다. 구멍 난 채 메우지 않고 두는 것이 더 안전한 과거도 있다. 갉아먹은 어떤 과거는 애써 뱉어내 되새김질하고 싶지 않다.

紙 [지] 종이

    종이는 105년에 중국의 채륜蔡倫(?~121년)이라는 사람이 발명했고, 그 재료는 주로 닥나무·대나무·뽕나무였다. 종이를 만드는 방법은 조선과 중국이 조금 달랐다. 조선의 학자들이 남긴 기록에 의하면, 삶은 닥나무 껍질을 돌 위에 얹어 두들겨 뭉친 섬유를 풀어준 뒤 종이를 뜨는 식이었다고 한다. 조선에선 주로 이 닥나무 종이인 '저지楮紙'로 책을 엮었다. 중국은 나무껍질을 가루로 갈아 종이를 만드는 경우가 많았고, 대부분 대나무 종이인 '죽지竹紙'였다. 닥나무는 팽이채로 쓰일 만큼 질기기에 도서관 고서실에서 조선의 책을 만져보면 여전히 꼿꼿하다. 조선 사신들의 손을 거쳐 긴 사연을 매달고 현재의 내가 있는 도서관까지 이르렀을 청나라 책은 아무리 조심스레 책장을 넘겨 보아도 보고 난 자리에 종이 가루가 떨어져 있다. 가깝고 먼 시공간에 살았던 옛사람의 손길이 묻은 종이를 한 장한 장 만지며 책을 살피다 보면, 과거를 직접 만지는 듯한 기분이 든다. 연구실 책상에 앉아 디지털화한 모니터 속 고서를 손쉽게 읽을 때는 느낄 수 없는 감격이다.

餘 [여] 남다

 장마가 끝나지 않았으면 좋겠다. 나를 대신해 무언가가 열심히 쏟아지는 동안 나는 멈춰 있어도 괜찮다고 하늘이 허락한 것 같으니까. 그런 시간에 놓이면 어쩐지 안심하고 느긋이 책 앞에 앉아 있게 된다. 책을 품고 살았던 옛날 사람들도 역시 그런 비슷한 기분을 느꼈다. 옛글에선 겨울·밤·장마의 시간을 아울러 '삼여三餘'라고 썼다. 이 세 종류의 시간에는 여유롭게 방 안에서 독서에만 몰두하기 좋다는 의미를 담은 것이다. '밥 식食' 자가 들어가 있는 '餘' 자는 애초에 밥이 남을 만큼 넉넉하다는 뜻이다. 눈 내리는 겨울, 세상이 잠시 멈춘 밤, 비가 쏟아지는 여름은 모두 소란한 세상의 반대편에 마련된 비밀기지와도 같다. 불완전한 시공간의 방에는 잠시 불을 꺼두고서 자연이 형성해준 웅크림 속에 한껏 숨어 있다 보면 영원히 그치지 않을 듯한, 완전히 안온하다는 기분이 찾아와주기도 한다. 초조해하지 않고 골똘히 지금의 기쁨과 슬픔을 느끼고 즐기며, 끝을 상상하지 않게 되는 여름방학과 겨울방학처럼.

習 [습] 익히다

고등학생 때 기숙사 건물의 이름은 '학이관學而館'이었고, 석사 시절 기숙사 입구에는 '시습재時習齋'라는 현판이 걸려 있었다. 정작 학이관과 시습재에 살 때는, 그 의미가 무엇인지 정확히 몰랐던 글자들. 이 글자들은 《논어》를 여는 첫 구절인 '배우고 그것을 항상 익히면 즐겁지 아니한가?[學而時習之 不亦 說乎?]'에서 따온 것이다. 여기서 학學은 나보다 먼저 깨달은 이에게 무언가를 배우는 것을 말하고, 습習은 어린 새가 여러 번 날갯짓을 연습하듯이 멈추지 않고 배운 걸 익힌다는 뜻이다. '학습'은 몹시 친숙한 단어이지만, 한문학을 처음 공부하고자 《논어》를 펼쳤을 때 만난 이 대목과 글자들이 생경하게 와닿았다. 배우는 데 그치지 않고 이를 체득하기 위해 노력한다는 학습의 함의를, 갓 태어난 새가 날아오르려 거듭 날갯짓하는 '習'의 장면을 통해 그려내게 만드는 한문학의 세계가 새로웠기 때문이다. 한문을 좋아하게 된 건, 한 글자라도 손에 꼭 쥐고 여러 번 공글리며 그 안에 담긴 뜻을 헤아려보게 해주는 이 공부의 사려 깊은 방법이 매력적임을 알게 되어서이다.

처음 나는 법을 배우는 아기새의 날갯짓이 서툰 것처럼, 한문 경서經書를 이제 막 접한 초학자는 작은 파편 하나를 집어 들고 골똘히 몰두하다가 줄곧 실패를 경험한다. 그럼에도 포기하지 않게 되는 건, 정확히 무엇인진 아직 몰라도 이 실패의 연습이 의미 있으리라는 예감 때문이다. 도착하기 어렵지만 아름다운 어떤 목적지는 그곳에 당도하고 나서야 비로소 지난 멈춤들이 반드시 거쳐야 할 정거장이었음을 깨닫게 한다. 그런데 이 공부가 재미있는 이유는, 목적지인줄 알고 날아온 도착지가 최종 목적지가 아니라는 생각에 다음 목적지를 향해 날아가면, 또 날아가고 싶은 다음의 지향점이 생긴다는 점. 그래서 결국 몇 년의 날갯짓 연습과 실패를 통해 깨달은 커다란 공부의 이치는, 날개를 펼쳐서 연습하는 순간의 기쁨이 공부하는 삶의 전부라는 사실이다. '배우고 그것을 익히면 항상 즐겁지 아니한가?'라는 《논어》의 첫 구절도 역시 그런 뜻이라는 걸 어렴풋하게나마 알겠다.

冊 [책] 책

지금으로부터 3000여 년 전 세상 사람이 대나무를 꺾어 비슷한 높이로 다듬어 가죽끈으로 엮은 뒤 한자들을 손수 적어 만든 물건은 세상에 단 한 권뿐인 '冊'이었다. 종이가 발명되기 전, 먼 옛날 중국에서 책은 여러 개의 대나무 조각을 끈으로 엮어 이어서 만든 것이었다. 이러한 죽간竹簡의 형상을 그대로 모사한 글자가 곧 '冊' 자이다. 옛날에도 오늘날에도 똑같이 발음하는 '책'이라는 것이 과거인들에겐 우리와 다른 질감과 형상을 지닌 물건이었다. 어느 시대엔 동물의 뼈나 가죽, 청동, 돌, 비단 등에 전하려는 내용을 적어 책을 대신하기도 했다. 종이가 나온 뒤로도 둘둘 말거나 지그재그로 접은 책처럼 지금 우리가 만지는 물성物性을 지닌 책이 되기 이전에 여러 형태로 존재했다. 그러나 문자를 손에 만져지는 물체에 기록해 널리 읽히도록 하려는 책의 목적만큼은 언제나 동일하다.

우리가 무심코 손에 쥐고 읽는 책이 원래 '冊'에서 비롯했음을 자각하면, 아주 기나긴 인류 보편의 마음을 헤아려보게 된다. 지금 너무나 당연한 듯 내뱉는 어떤 한 글자를 한자로 옮겨 그 한자가 생겨난 수천 년 전의 세상을 그려보면서 우리라는 존재가 얼마나 닮은 마음으로 오래도록 세월을 이어왔는지 돌아볼 수 있는 것이다. 그래서 나는 '책의 미래'를 염려하는 질문들 앞에서, 손의 감각으로 읽혀온 기나긴 책의 역사가 끝끝내 다음 세대에도 이어지리라고 힘주어 대답한다.

印[인] 도장

 간행된 지 몇백 년이 흐른 옛 책에 찍혀 있는 인장印章은 책을 만든 이와 소장자, 소장처를 판단할 수 있는 중요한 근거가 된다. 그래서 오래된 책을 펼쳐 훑어보다가 인장을 만나면 무척이나 반갑다. 지금 나에게 닿아 읽히는 책이 어떤 여정을 거쳐 왔는지 알려주는 단서가 바로 둥글고 네모난, 혹은 특별한 모양의 테두리 안에 이름을 채워 새겨둔 저마다의 인장들이다. 양각陽刻인지 음각陰刻인지에 따라 이름 부분이나 여백에 묻은 인주印朱가 종이에 스며 번져 있다. 너무 꽉 눌러 찍은 도장은 겹친 종이의 뒷면, 뒷장에까지 자국을 남겨둔 경우도 많다. 책을 쓴 작가가, 목판木板에 글자들을 새긴 각수刻手가, 저잣거리 서점에서 귀한 책을 구매한 독자가, 이 책과 자신은 어떤 관계인지 밝혀두고자 힘을 다해 고심하며 눌러 찍어둔 확고한 옛날의 흔적. 책에 찍은 도장은 곧 이 책을 각별하게 아낀다고 큰 소리로 외치는 선언 같은 것이었을 테니, 도장이 찍힌 책을 만질 땐 어쩐지 더 조심스러운 손길이 된다.

箴[잠] 바늘

학문하던 선비들은 스스로 훈계하고자 지은 '잠箴'을 가까이에 두고 읊으며 마음과 행실을 가다듬었다. 조선의 대표적 여성 성리학자 중 한 명인 임윤지당任允摯堂(1721~1793년) 선생은 참을성이 부족한 성격을 반성하면서 자기 자신을 경계하는 뜻을 담아 '인잠忍箴'을 지었다. 그 내용 중에는 '오로지 나 자신을 수양하며 하늘의 이치를 듣겠다. 온갖 근심을 생각하지 않고 나의 분수를 지킨다면 편안할 것이다[惟有修身, 一聽于天. 無思百憂, 守分斯安]'라는 대목이 적혀 있다. 자신의 분수를 넘어서는 세상만사의 온갖 근심을 자주 떠올리며 괴로워했을 임윤지당 선생의 마음결이 그려진다. '箴' 자의 본래 뜻은 바늘이다. 흐트러져 갈피 잃은 나를 따끔하게 찔러 제자리로 돌아오도록 해주는 바늘 같은 글이 곧 '箴'인 것이다. 바늘처럼 가늘고 미미해 보이더라도, 나의 본성을 잃지 않게 단속하는 센 힘을 지닌 글이다. 스스로 지어둔 엄격한 '箴'은, 길고 짧은 방황 끝에도 결국에는 다시 나를 나와 가장 잘 어울리는 자리로 되돌려놓아주는 역할을 한다. 나의 '箴' 제목은 평정잠平靜箴이다. 쉽게 초조해지는 마음을 단속해 평정심을 불러주는 나만의 잠언.

# 11부

헤아리는 기분

一 [일] 하나

나뭇가지를 가로로 누여 놓은 최초의 헤아림. 하나[一]. 과거인들은 천지天地가 개벽한 태초太初는 하나에서 비롯했다고 인식했다. 그러니까 하나는 곧 전부이고, 천지 만물은 곧 하나라는 말. 저마다 다르고도 같은 만물과 사람들을 다 헤아리고 나면 결국은 땅 위 하늘 아래 우리라는 하나가 된다. 혼자만 잘 산다고 절대 행복해질 수 없다는 세상의 이치를 이해하게 된 이후로, 나의 기도는 언제나 같다. 살아 있는 모든 존재가 우리로서 평온하길 바란다는 것. 우리를 숫자로 적어야 한다면 '하나[一]'.

二[이] 둘

하나와 하나가 짝을 이루어 쌍이 되도록 나뭇가지를 가로로 나란히 누여 놓은 두 번째 헤아림, 둘[二]. 짝이라는 것은 완전하게 합치되지 않은 상태로 일정한 간격을 유지해야만 성립하는 것. 하나가 되길 염원하는 둘의 관계는 영원할 수 없다고 믿는다. 둘임을 경계하면서, 줄곧 홀로 선 채의 둘로써 경계선을 침범하지 않을 때 나란한 쌍일 수 있다.

三[삼] 셋

 숫자 말고, 계절의 맨 앞을 꼽아야 한다면 그것은 바로 '삼三'. 한 해의 세 번째 달, 봄이 시작되는 3월三月이 돌아오면 학교가 북적인다. 단지 들뜬 캠퍼스의 분위기 안에 있는 게 좋아서 이렇게 오래 대학을 떠나지 못하고 공부하는 삶을 이어온 것도 같다. 학교의 양지바른 자리에서는 해마다 때 이르게 목련이 만개한다. 삼삼오오 나무 아래를 지나는 대학생들은 목련꽃보다도 더 하얗게 웃고. 한 권씩 품에 안은 노트에는 글자보다 여백이 더 많은, 시작의 3월. 해사하게 돋아나 움직이는 생명들 사이에서 덩달아 시작해보는 기분이 든다.

四 [사] 넷

 숫자 '사四'를 싫어하는 부모님을 보면서 자랐다. 여행지 숙소의 방이 404호로 배정된 걸 께름칙하다고 여긴다거나, 자동차 번호판에 4가 들어가길 꺼린다거나, 물건을 살 때 네 개를 고르길 피한다거나. 비단 우리 부모님만의 금기가 아닐 것이다. 우리나라 사람들은 '죽을 사死' 자와 발음이 같다는 이유로 숫자 '四'를 두려워하며 피하려 노력한다. 그래서 건물들은 4층을 일부러 삭제하기도 한다. 버젓이 네 번째 층이 있지만, 4층의 존재를 부정하는 것. 어릴 때 무심코 지켜봐온 이런 얽매임이, 성인이 된 이후의 내 삶에도 영향력을 행사하는 게 싫었다. 형체 없고 이유 모르는 것과 두려움으로 깊숙이 엮여서 삶의 한 조각이라도 자유를 잃는 게 싫은 것이다.

 '四'는 그냥 3과 5 사이의 숫자일 뿐이다. 한자가 처음 생겼던 기원전 갑골문에서는 나무 작대기 네 개를 그어서 '䎐'

처럼 표시했다가, 점차 사방[口]을 나눈 형태의 '四'가 넷이란 의미를 나타내게 됐다. 한때 나는 '四'를 금기하는 관행에 맞서 일부러 4층의 숙소를 선택하거나, 여러 숫자 중에 4를 집어 드는 식의 행동을 했다. 그러다가 '四'를 마주하고도 '死'를 떠올리지 않으려는 노력 역시 '四와 死'의 관계성에서 벗어나지 못한 얽매임이란 생각이 들었다. 어쩌면 '四'와 마주쳤을 때의 기분이 한 톨도 '死'에서 무관해지는 건 이미 어려운 일이 되어버린 걸 수도 있다.

五 [오] 다섯

《설문해자》에서 '오五'란 곧 '오행五行'이라고 설명했다. 다섯으로 헤아릴 수 있는 표본이 오행이라고 여긴 것이다. 오행은 우주에서 쉬지 않고 운행運行하며 물질을 구성하는 다섯 가지 기본 요소인 물[水], 불[火], 나무[木], 금속[金], 흙[土]을 말하기 때문이다.

사서오경四書五經 중 하나인 《서경書經》에서는 "물은 아래로 내려가 만물을 적시고, 불은 위로 태우면서 올라가며, 나무는 굽거나 곧고, 금속은 그대로 있거나 변하기도 하며, 흙은 작물을 심고 거둔다[水曰潤下, 火曰炎上, 木曰曲直, 金曰從革, 土爰稼穡]"라고 만물의 생성과 변화를 아울러 해설한 바 있다. 동양 철학의 세계에서 다섯이 지닌 힘은 우주의 운행을 이끌 만큼 큰 것. 영어로 'five', 독일어로 'fünf', 프랑스어로 'cinq', 아랍어로 'khamsa' 등과 같이 다섯을 읽고 쓰는 사람들은 가늠하지 못하는 세계관이 한자문화권 사람들의 '五'에는 담겨 있는 것이다.

六[육] 여섯

고려시대 청자青瓷로 만든 푸른빛 주사위가 이제 박물관 전시실에 멈추어 있다. 여섯 개의 점이 찍힌 면이 위쪽을 향한 채로. 사람들은 아주 오래전부터 이 작은 육면체에 하나부터 여섯까지의 점을 찍어서 가지고 놀았다. 옛날엔 '투자骰子'라 불렀고 지금은 주사위라 부르는 것. 콩알만 한 작은 주사위를 던져올린 사람들은 하늘을 향하는 면에 나온 수가 여섯이길 염원했다. 구르는 주사위를 바라보는 사람들의 마음은 일곱이나 여덟을 상상하지 않는다. 주사위의 세계 안에선 여섯까지 수만이 존재한다. 여섯을 넘지 않아도, 여섯만으로 충분히 큰 소리의 환호가 터지니까. 세상에 수가 아무리 많아도 여섯이면 충분한 세계. 위아래의 천지天地와 동서남북의 사방四方, 즉 육합六合이 갖춰지고 나면 온전히 우주 전체가 다 채워지는 것처럼.

七[칠] 일곱

 하루라는 시간의 시작과 끝이 시대와 민족에 따라 달랐듯이, 날들을 일곱[七] 개씩 끊어서 한 주周로 헤아리는 인식 역시 태초부터 그랬던 것이 아니다. 기원전 7세기 경부터 바빌로니아인들은 한 주를 일곱 날로 헤아리는 요일 제도를 운영했다. 그들은 태양신[日]·달의 신[月]·화성신[火]·수성신[水]·목성신[木]·금성신[金]·토성신[土]이 각 요일을 주관한다고 믿었다. 우리나라나 중국에 이러한 요일 제도가 정착한 건 19~20세기 무렵에 와서이다. 그 이전에는 오래도록 십간十干과 십이지十二支를 조합한 육십갑자六十甲子로 날을 셌다. 예컨대 갑자일甲子日·을축일乙丑日·병인일丙寅日…. 이런 식으로 날을 기재하는 것이다. 우리 문화에서 일곱이라는 숫자가 시간의 주기를 끊어 읽는 단위가 된 역사는 그리 길지 않다. 예순 날 단위로 순환하며 살았던 사람들은 시간의 흐름을 호흡하는 법이 우리와 달랐을 것 같다. 금요일엔 좀 설렜다가 금세 돌아온 월요일엔 좀 시무룩해지는 일주일의 숨 가쁜 기분 순환이 지겹다. 요일을 세는 방식은 결국 만들어낸 것이니, 옛날 사람처럼 갑자일·을축일·병인일…. 이렇게 날을 세보면 60일 주기로 기분을 가누는 사람이 될 수 있을까.

八 [팔] 여덟

　여덟을 표시하는 '팔八' 자는 들어간다는 뜻의 '입入' 자와도 닮았고 사람 '인人' 자와도 닮았다. '入' 자나 '人' 자와 다르게 '八'은 확실하게 두 획 사이가 떨어져 있다. 《설문해자》에서 '八'은 '헤어짐이다. 서로 나뉘고 등지는 모양을 형상화한 것이다[別也, 象分別相背之形]'라고 해설했다. '八'이라는 숫자가 떨어져 이별하고, 서로 등지는 걸 말해주기도 한다는 걸 알게 된 후론 여덟 번째 순서가 돌아오면 조금 슬픈 기분이 든다. 한자를 자세히 톺아보기 전에는 [팔]을 발음하며 전혀 연상하지 못했던 기분.

九 [구] 아홉

 '아홉수'라는 것이 있다. 열[十]로 넘어가기 전 마지막 관문이자 전환의 아홉[九]. 아홉 살 시절은 기억이 잘 나지 않지만 열아홉과 스물아홉 살 때 나의 생활 역시 전전긍긍이었는데, 당시 주변 선배나 어른들은 나를 보며 "네가 아홉수라서 그래, 아홉수를 잘 넘겨야 한다"라는 말을 하곤 했다. 아홉 번째 해 내내 불길한 기운 속에서 무사하기 위해 애쓰며 살아야 한다는 게 무척 마음에 들지 않았다. 그뿐만 아니라 앞으로도 살면서 10년마다 아홉수의 혹독함을 겪어야 한다니. 반면 중국에선 발음이 '오랠 구久'와 같다는 이유로 장구長久의 뜻이 담겼다고 여기며 '구九'를 특별히 좋아한다. 우리나라에선 아홉수에 결혼을 피하지만 중국의 많은 연인이 영원한 사랑을 맹세하며 9월 9일에 결혼식을 올리는 이유다. 《주역》의 풀이에 따르면 '九'는 양陽의 기운이 극에 달한 숫자이다. 그래서 '九'

가 두 번 겹치는 9월 9일은 '중양절重陽節'로 삼고 향연을 여는 풍습이 오래전부터 있었다. 침울한 아홉수는 우리나라에만 있는 관념이다. 내 생에 남은 아홉수의 나이가 돌아올 때마다 보란 듯이 오히려 신나는 일을 저지르며 살아야지.

十 [십] 열

10년 뒤에 나는 무엇을 하며 살고 있을지, 10년 뒤의 세상과 또 그 안에서 우리는 어떤 모습으로 변해 있을지 질문을 던져보곤 한다. 하필 '십+'이라는 숫자의 단위로 세월의 흐름을 가늠하는 이런 사고방식에도 뿌리가 있다. 한자문화권에서 숫자 '十'이 상징하는 감각은 완성完成이었다. 예컨대, 가로의 '一'는 동쪽과 서쪽을, 세로의 'ㅣ'는 남쪽과 북쪽을 의미해 사방四方과 중앙中央이 모두 완전하게 갖추어짐을 나타낸다고 여겼다. 아홉 다음의 '十', 구십구 다음의 '百'처럼 가득 채워진 숫자는 성장과 질서가 완결되는 결속점과도 같다고 생각한 것이다. 선조들은 성수成數의 달인 음력 10월을 좋은 달이란 뜻으로 '양월良月'이라 일컫기도 했다.

첫 책 《한자 줍기》에 '10년 뒤에도 여전히 이 공부를 하고 있었으면 좋겠고, 더 자유롭게 좋아하는 자료를 읽어낼 수 있는 사람이 되었으면 좋겠다'라고 적어두었다. 한문학에서 안목을 갖기까지는 긴 호흡이 필요하고, 10년 정도 성실히 공부하면 그땐 지금보다 나은 자료 해독 능력을 갖추어 보다 완성된 연구자가 되었길 기대하는 마음이었다. 그로부터 몇 해가 흐른 지금은 그때와 비슷하지만 조금 다른 지향점을 갖고 공부한다. 성실하게 '十'까지 다다랐을 때 완성했다는 기분을 느끼는 게 아니라, 여전히 채울 게 많아 새롭게 시작한다는 기분을 느꼈으면 좋겠다. 그때도 여전히 술술 읽히지 않는 미궁의 고문헌을 마주해 끙끙 앓는 연구의 묘미와 설렘에 빠져 있길 바란다. 숫자를 헤아리며 공부하는 시간 동안 배운 통찰을 밑거름 삼아, 수를 헤아리지 않아도 되는 더 진짜의 공부로 나아가고 싶다. 완성인 줄 알았던 도달점에서도 완전하지 않음을 깨닫고 끝없이 또 다음 10년을 향하는 공부의 길을 그땐 더 확고히 걷고 있길.

12부
살고 싶다는 기분

改 [개] 고치다

일찍이 공자는 '허물이 있으면 고치기를 꺼리지 말라[過則勿憚改]'고 강조했다. 무엇이 잘못인지 알아챘다면 인정하고 고치기를 주저하지 말라는 이야기이다. 자신이 마주한 허물을 벗어버리기를 꺼려 하는 건 이미 그렇게 잘못된 채로 익숙해졌기 때문이다. 모면하려 도망치지 않고 허물에 적극적으로 맞서는 건 용기가 필요한 일이다. 고질적인 나의 허물 하나는, 일상이 기분에 제압당하도록 무방비로 내버려두는 것이었다.

또다시 생활을 집어삼키려는 기분 앞에서, 기분의 해명이라도 세세히 들어보자는 심정으로 매일 한자 한 글자씩을 골라 일기를 써보기로 했다. 얼룩지고 울퉁불퉁한 상태를 잘 견디지 못하는 나로서는, 그 불완전한 모양을 직면하는 일 자체가 커다란 개선改善이리라 생각했다. 고쳐서[改] 좋은[善] 쪽으로 가려고 애쓰며 살아낸 날들을 증명할 글을 써보고 싶었다.

무엇보다도 덩그러니 기분과 대면하는 것이 아니라, 좋아하는 한자에 기대어 기분을 비추어볼 수 있는 시간이기에 외롭지 않을 것 같았다.

다짐을 실행에 옮겨 사계절 동안 일기처럼 이 책의 원고를 조금씩 써왔다. 주로 아침에 일어나자마자 가장 먼저 원고를 쓰면서 하루를 시작했다. 생활이 망가졌을 때도 빠짐없이 아침엔 노트북을 켜서 원고 파일을 열었다. 그런 날에 기분은 더 할 말이 많으니까. 이러한 규칙대로 산 사계절이 한 시절을 이루었다. 시절의 끝자락에 선 지금, 이번 시도로 인해 개선된 점이 무엇일지 돌이켜보면 그것은 기분과 동행하는 법을 배우게 된 것이다. 생활을 삼켜 압도할 만큼 커다란 기분의 파도를 두려워 피하기만 하는 게 아니라, 그럼에도 성난 기분 곁에 밀착해서 지내보았다. 날마다의 기분이 해명하는 이야기를 들어보고 나니 기분에게는 매번 다 그럴만한 이유가 있었다. 기분에 휩쓸리는 성미를 완전히 고치진 못했을지라도, 고치길 꺼리지 않고 직면해본 덕분에 나를 덜 미워하게 되었다.

甘 [감] 달다

 어렸을 때 엄마는 감기에 걸린 나를 병원에 데려갔다 올 때면 항상 단팥이 가득 든 호두과자를 사주곤 했다. 견디기 싫은 시간을 견딘 나에 대한 보상이라고 생각했다. 어른이 된 지금은 스스로 자주 상을 주어야 한다. 아주 먼 미래는 잘 모르겠지만 우선 내일을 살고 싶어지도록. '고진감래苦盡甘來'라는 말처럼 쓴 일을 견뎌낸 끝에는 반드시 나에게 달고 맛있는 걸 먹인다. 맛을 느끼는 입의 감각은 잠깐이나마 빠르게 생의 의지를 돋우니까. 애초에 달다는 뜻의 '甘' 자는 입[口] 속에 맛있는 음식[一]을 머금고 있는 모양으로 되어 있었다. 날이 밝고 좋아하는 카페에 찾아가 앉아 달콤한 레몬 케이크를 한입 베어 물면 마음은 금세 또 밝은 자리를 찾아가리라고, 풀죽은 밤의 기분을 다독인다. 풀죽은 기분과 영영 결별할 수는 없더라도 매일의 노력으로 매일 결별할 수는 있을 테니. 이 정도의 노력을 기울일 만큼의 에너지마저 없는 날이 있겠지만, 그럼 또 다음 날의 레몬 케이크가 어제의 나를 구해주겠지.

倦 [권] 게으르다

정말 오랜만에 늦잠을 잤다. 시계를 확인했지만 가야 하는 곳에 가지 않고 해야 하는 걸 하지 않기로 결심했다. 나는 겨우 늦잠도 커다란 객기를 부리듯 감행한다. 하는 것이 아니라 하지 않길 선택했을 때 편안해지기보다 초조해지는 성격으로 살았다. 그렇게 살아온 걸 자주 후회한다. 그래서 겨우 늦잠일지라도 원래 나와는 정반대의 선택을 저지르고서 미약하게나마 해방감을 느낀다. 그동안의 나는 권태倦怠를 어떻게 다루어야 할지 그 방법을 몰라서 늦잠도 낮잠도 잘 자지 못했던 것 같다. 권태는 어떤 일에 대한 마음이 시들해져서 생기는 싫증 혹은 게으름을 말한다. 게을러지는 게 무서웠다. 게으르게 있으면 권태로워질까 봐, 권태롭게 있으면 삶에 지독한 싫증을 느껴 사는 의미를 잃어버릴까 봐.

사실은 권태라는 말 안에 권태를 다루는 비법이 들어 있다. '倦' 자는 게으름의 의미와 함께 쉰다는 뜻으로도 쓰인다. 게으르게 오래 자고 일어나서도 죄책감이나 울적함의 감정을 집어 들지 않고 쉬는 기분을 더 꽉, 덥석 쥐면 되는 것이다. 그런데 그 순간에 그런 선택을 하기가 어렵다는 게 문제다. 지금까지 서른 해 훌쩍 넘는 시간을 게을러지지 않기 위해 종종거리며 살아왔으니, 이제부턴 권태를 잘 다루며 쉬는 기분으로 살아보고 싶다. 할 일이 많은 어느 날 오후에 쏟아지는 잠을 느끼곤 고민 없이 포근한 이불 속에 누워 몹시 달게 낮잠을 잘 자기 위해, 부드럽고 따뜻한 잠옷을 사두었다.

相 [상] 서로

'서로'를 뜻하는 한자 '相'은 나무[木]를 마주 보며 자세히 관찰하는 어떤 사람의 눈[目]을 본떴다. '서로'의 의미를 거슬러 올라가다 보면 바라보는 대상을 세세하게 다 알고 싶은 마음이 놓여 있는 것이다. 국어사전에서 '서로'는 짝을 이루거나 관계를 맺고 있는 상대라고 정의되어 있다. 그러니까 서로라는 말은 곧 나는 너를, 너는 나를 세상에서 가장 잘 알아봐주고 싶어 한다는 말과도 같으리라.

잠들어 있거나 혹은 무언가에 집중하고 있는 그의 얼굴 곳곳을 나는 조용히 오랫동안 관찰하곤 했다. 사람들은 잘 모르는 엷은 속쌍꺼풀, 아주 활짝 웃을 때만 생기는 보조개 같은 걸 나만 알고 있는 게 좋았다. 출출할 때 배를 쓰다듬다 퉁퉁 두 번 두드린다거나, 핸드폰을 만질 땐 엄지발가락을 꼼지락거리는 습관을 지켜보면 웃음이 나기도 했다. 그 역시 나조차 몰랐던 나의 말투나 행동을 찾아내 귀여워해주었다. 나의 모든 걸 생긴 그대로 드러내 보여주어도 괜찮았다. 마찬가지로 그의 전부를 자세하게 다 알게 되는 동안 우리는 서로 더 깊이 사랑하게 되었다. 사랑하는 이유와 사랑한다는 사실을 명확하게 인식하고 세밀하게 다 설명해낼 수 있는 대상이 존재한다는 점은 우리 삶의 구체적인 목적이 되어주었다. 누군가와 서로 촘촘히 사랑하고 있을 때만큼 생에 대한 의지를 가장 강하게 감지하는 순간이 또 있을까.

消 [소] 사라지다

청나라의 학자 단옥재段玉裁(1735~1815년)는 《설문해자주說文解字注》에서 '消' 자의 뜻을 '아직 다한 건 아니지만 장차 다 하게 될 것[未盡而將盡也]'이라고 풀이했다. 서서히 사라지는 상태가 '消'라는 것이다. 끝이 나버린 '진盡'이나 완전히 사라진 '멸滅'과는 다르게, 쇠락하는 과정의 시간성이 담긴 글자. 뙤약볕 아래 웅덩이에 고인 물, 꺼져 가는 모닥불, 겨우 매달린 몇 장의 마른 나뭇잎, 줄어들면서 마지막으로 확실하게 향하는 중인 그런 것들. 오래전 김성일金誠—(1538~1593년) 선생은 커다란 나무를 보면서 '만물의 성하고 쇠하는 순환 속에 닳아 사라져온 세월, 지금껏 나무가 보아온 인간은 몇 명이나 될까[消磨歲月榮枯裏, 閱盡人間幾箇人]'라는 구절을 시에 적어두었다. 계절이 성하였다 쇠하여서 여러 바퀴를 도는 사이 닳아 사라져간 사람들의 세월을 나무는 몇 번이고 지켜보았을 터. 떠날 우리는 모르는 결말을, 여러 겹의 나이테를 두른 저 나무들은 알게 될 것이다. 선생은 시에서 세월의 개념을 '닳다[磨]'와 '사라지다[消]' 두 글자로 수식했다. 우리의 시간은 닳아 사라지는 것이 속성이다. 분명히 끝을 상정한 채로 사라져가면서도 살아지는, 잘 살고 싶은 분명한 오늘 치의 생.

美 [미] 아름답다

'美' 자 안에는 동물인 '양 양羊' 자와 '큰 대大' 자가 들어 있다. 신에게 지내는 제사에서 희생으로 올렸던 커다란 양이 맛있다는 걸 '美'라는 글자로 표현한 것이다. 어떤 학자들은 '大'를 곧 팔 벌리고 선 사람으로 보아, 양의 머리 부분을 장식으로 머리에 쓰고 있는 사람을 표현한 글자라 해석하기도 한다. 신에게 올리는 귀한 음식의 좋은 맛이었든 양의 머리를 빌려와 장식한 화려한 모습이었든, 고대인들이 형성한 '美'의 관념은 지금과 달랐던 것만은 분명하다. 아름다움, 좋음, 훌륭함에 대한 정의는 시대성을 반영한다.

하물며 한 시대 안에서도 개인의 시각에 따라 좋고 나쁨의 판단은 극명하게 갈린다. 과거에 누군가의 눈에 아름답게 보였던 것, 지금 나의 입에 맛있게 느껴지는 것, 미래에 누군가의 귀에 훌륭하게 들릴지도 모르는 것은 서로 호환하지 않을 수 있다. 나의 감각기관이 느끼는 아름다움과 추함도 자의적일 뿐이다. 이 사실을 깨닫고 나선, 내가 아름답다고 생각하는 걸 누군가에게 아름답다고 말하거나 권하길 주저하게 됐다. 동시에 한편으론 내가 아름답다고 느끼는 걸 똑같이 아름답다고 말하는 사람, 내가 좋아하는 걸 진심으로 같이 좋아하는 사람을 만나는 일이 우리 삶에 주어진 얼마나 대단한 행운인지 잘 알게 됐다.

나와 함께 '우리'가 되어준 사람들이 같이 아름답다고 이야기 나누며 행복해지는 때의 사례를 들자면 다음과 같다. 세상일에 초연한 채 홀로 고고孤高함을 유지하는 화려함보다, 세상이 혼란한 틈 속에서 피어난 옅고 여린 아름다움 한 송이를 보며 감격하는 일. 정확하게 대칭을 이룬 완벽한 모양이 아니라, 불완전한 와중에도 조화롭게 공존하는 자연의 장면을 보며 웃고 우는 일. 그러니까 우리는 겉이 예뻐 보이는 것보다 본질의 아름다움을 마주하게 되었을 때 진짜의 기쁨을 느끼는 것이다. 고대의 어느 마을 사람들이 신을 향하는 신성한 제사상에 올린 희생양을 보며 느꼈을 마음과 겉모양은 달라도 속모양은 닮은, '아름답다'라고 느끼는 기분.

笑 [소] 웃음

 살고 싶다는 기분은 나를 전혀 모르는 어떤 사람으로부터 비롯되기도 한다. 먼 타국의 지하철 앞자리에 앉은 사람이 웃는 모습을 지켜보다가 나도 저렇게 웃는 사람이 되고 싶다고 생각했다.

 한 달이 훌쩍 넘도록 독일에서 공부하는 동안 아침과 저녁마다 지하철을 타고 움직였다. 독일의 지하철 좌석은 네 명의 승객이 무릎을 마주 대고 앉도록 배치되어 있다. 어느 날 하굣길 지하철에서 맞은편에 앉아 있던 학생은 배가 고팠는지 가방을 뒤져 작은 쿠키 한 봉지를 꺼냈다. 그런데 쿠키가 다 부서져 있었나 보다. 뜯은 봉지에서 가루가 와르르 쏟아지자 학생은 키득키득 웃음을 터뜨렸다. 조각난 과자를 꺼내어 먹으면서도 자꾸 웃었다. 나랑 눈이 마주치니 손으로 입을 막고 또 웃었다. 나도 같이 조금 웃었다. 자신이 가진 게 다 망가진 걸 보고 그냥 웃어버리는 사람이라니. 내가 생각하는 멋진 사람은 이런 사람이다.

里[리] 마을

길 건너에 초등학교가 있는 우리 동네 꽃집 대문 곁에는 어린이들이 떨어뜨려 잃어버린 인형이나 장난감 같은 게 걸려 있곤 했다. 길가에서 주운 작은 물건들이 다시 주인에게 돌아가도록 기다려주는 꽃집 주인의 마음이 전해져 좋았다. 울적한 기분이 드는 어느 귀갓길 불쑥 그 꽃집에 들어가봤다. 사장님에게 "꽃 화분을 방에 하나 데려가고 싶어요"라고 했더니 "이것저것 꽃집에 있는 화분들 천천히 다 봐요, 이것도 보고 저것도 보고 계속 보다가 마음에 쏙 드는 걸로 데려가요"라는 사장님의 고운 답변이 돌아왔다. 먼저 와 있던 어린아이와 엄마는 보라색 꽃을 골라서 떠나고, 난 한참 만에 '칼랑코에'라는 화분을 골랐다. 사장님은 내가 고른 화분을 보고 흰 꽃이 곧 분홍빛이 될 거라 했다. 나의 품에 안겨 문을 나서는 화분을 향해 사장님은, "가서 엄마랑 잘 커!"라고 인사했다. 꽃집 주인이 할 수 있는 가장 멋진 인사라고 생각했다.

　오늘은 동네 카페에 앉아서 책을 읽고 있는데 꽃집 사장님이 들어오더니 테이블마다 놓인 꽃들을 한 번씩 살피며 마른 잎을 정리하고 보듬었다. 그 꽃집에서 자란 꽃들이 이 동네 집집마다의 공간을 밝히고 있었던 것. 땅[土]이 있는 곳에서 밭[田]을 일구며 사람들이 모여 살면 '마을[里]'이 된다.《논어집주論語集注》의 주석에서는 스물다섯 가구가 모여 사는 곳을 '里'라 일컫는다고 설명했다. 고대의 마을은 이처럼 구성원끼리 서로 다 알고 지낼 만큼 작은 땅의 단위였다. 꽃집과 카페 사이에는 몇 달 전 작은 그림책방이 문을 열었고, 그 곁엔 동네 어린이들의 놀이터인 문방구가 있다. 1년 남짓을 이곳에서 살면서 자주 들르는 공간과 인사를 주고받는 사람들이 생겼다. 그 짧은 안부 인사가 나를 돌봐주는 기분을 느끼게 해준다. 동네의 땅을 나누어 함께 살고 있는 사람들과 연결되어 있다는 '마을의 감각'이 혼자의 생활에 확실한 위안으로 다가오는 것이다.

又 [우] 또

 사는 게 지겹다는 말이 터져 나오다가도 고비를 다 넘긴 어느 해 질 녘 창 너머로 물든 하늘을 보면서, 또 삶이 아름답다는 기쁨에 잠긴다. '또[又]'라는 말. 가깝고 먼 과거에 겪어본 적 있는 자리로 다시 돌아왔다는 말. 조선 초기 문신 서거정徐居正(1420~1488년) 선생은 시에서 '또 새로운 절기, 가을을 보게 됐다. 극심히도 더웠던 시절을 어떻게 견뎠나[又見新秋節, 那堪苦熱時]'라고 했다. 계절은 여러 번 순환해 또 가을이 되었다. 유독 덥고 어지러웠던 올여름의 시간은 기어코 다 지나갔고, 이제 또 가을. 시원해졌다는 이유만으로 원래 해오던 일상의 여러 가지가 또다시 새로워졌다. 바뀌는 계절 안에서 계속 생을 이어간다는 건 매번 낯선 감격이다.

智 [지] 지혜

 안다는 뜻의 '지知' 자와 지혜를 말하는 '지智' 자는 서로 호환해서 쓰는 글자다. '知'를 적어두었으나 사실 지혜의 '智'를 말하기도 하는 것이다. 그래서 지혜는 '知慧'라고 쓰였더라도 '智慧'라고 읽는다. 많이 알기만 하는 사람이 아니라, 알아서 지혜로운 사람이 되고 싶다. 드넓고 깊은 앎의 바다에서 건져 올린 진주들을 내 주머니에 꽁꽁 숨겨 두지 않고 목걸이로 꿰어 사람들에게 선물해야지. 공부해서 알게 된 지식知識이 선택의 순간에 나를 지혜로운 마음 쪽으로 데려다주길 바란다. 그런 선택이 모여 더 착하게 살고 싶다는 기분이 들도록.

에필로그

기분의 뿌리

기분은 '좋다, 나쁘다'라는 한마디 말로만 다 설명해낼 수가 없다. 예로부터 많은 학자 그리고 작가들은 자신의 본성本性에 맺힌 기나긴 기분을 낱낱이 풀어내어 직면해보기 위해 공부하고 창작했던 듯하다. 나보다 먼저 자신의 기분을 형언해 남겨둔 선배들의 글을 읽을 수 있는 덕분에 그동안 나는 덜 외로웠다.

뿌리 없는 기분이 없는 것처럼 뿌리 없는 공부도 없다. 내 공부의 뿌리를 찾자면 조선시대 이덕무李德懋, 유득공柳得恭, 박제가朴齊家, 성해응成海應과 같은 오래된 이름들에 있다. 이런 선배 학자들은 시를 짓거나 학문적 글을 쓰는 것과 별개로, '필기잡록筆記雜錄' 형태의 글을 남기기도 했다. 세간살이를 구성한 사물들의 명칭, 우리가 사는 땅의 풍속, 겪었던 인상적인 사건과 만났던 잊지 못할 사람, 커다란 서사는 못 되지만 새겨둘

만한 마음. 그런 작지만 의미 있는 삶의 조각이 지닌 뿌리에 대해서 틈틈이 역사적 문헌을 뒤적여 고증考證하고 또 자신의 생각을 치밀하게 궁구해, 장르를 규정짓기 어려운 글을 썼다. 어떤 시각에서 보면 짧은 논문 같고, 다른 시각에서 보면 문학 같기도 하고, 그러나 결국 분류하기 모호해 '잡다한 기록'이라고 이름 붙인 산문체散文體의 글들. 학문의 길을 걸으며 나도 언젠가 그런 조각 글을 짓고 모아서 책을 엮어야겠다는 마음이었다.

'한자의 기분'이라는 제목을 마음에 걸어 두고 글을 쓰는 동안, 필기잡록류 글을 쓰면서 지녔을 선배 학자들의 태도를 자주 떠올려보았다. 우리를 둘러싼 만물萬物을 이룬 가장 미미한 부분으로 관심을 미루어나가[推] 소박함을 탐구하는 태도. 그러한 마음에 기반해 생활을 낯설게 문장화해보되, 왜곡 없이 단정히 생활의 의미를 담아낼 때 좋은 산문이 된다고 생각한다. 나의 산문도 언젠가 그렇게 되었으면 좋겠지만, 당장 내가 시도해보는 노력은 생활을 무심코 채운 단어와 글자들의 정중앙으로 파고 들어가서 그 진짜의 의미를 되새겨보는 일이다. 일상에서 무심코 발음하는 단어들을 구성한 한자 그리고 그 한자가 품은 뿌리 깊은 이야기를 돌아보는 일이 나의 기분,

나아가 누군가의 기분을 명료화하는 데 기여했으면 좋겠다.

익숙한 단어들이 빼곡하게 나열된 두꺼운 사전을 훑어보다가 눈길이 닿는 단어가 놓인 페이지로 가서 내용을 읽었는데 새삼스레 문틈으로 빛이 새어드는 환한 기분이 되는 것처럼, 이 책도 우리 기분을 새롭게 조명하는 일종의 '기분 사전' 같은 역할을 하길 바랐다. 막연하게 두려워 외면하던 대상의 뿌리를 자세히 보고 나면 덜 두려울 수 있다고 믿는다.

한자의 기분
ⓒ 최다정, 2025

초판 1쇄 인쇄 2025년 12월 3일
초판 1쇄 발행 2025년 12월 10일

지은이 최다정
펴낸이 유강문
편집1팀 김진주 이연재
마케팅 김한성 조재성 박신영 김애린 오민정 우지윤
펴낸곳 ㈜한겨레엔 www.hanibook.co.kr
등록 2006년 1월 4일 제313-2006-00003호
주소 서울시 마포구 창전로 70 (신수동) 화수목빌딩 5층
전화 02) 6383-1602~3 | 팩스 02) 6383-1610
대표메일 book@hanien.co.kr
ISBN 979-11-7213-358-0 (03810)

책값은 뒤표지에 있습니다.
파본은 구입하신 서점에서 바꾸어 드립니다.